"互联网+"、O2O

未来十年，是中国商业领域大规模跨界、大规模打劫的时代

互联网+战略思维

传统企业 O2O 改造与落地

张 文◎著

人民邮电出版社

北 京

图书在版编目（ＣＩＰ）数据

互联网+战略思维 ： 传统企业O2O改造与落地 ／ 张文
著. -- 北京 ： 人民邮电出版社，2016.3
　（互联网+时代企业管理实战系列）
　ISBN 978-7-115-41585-1

　Ⅰ．①互… Ⅱ．①张… Ⅲ．①互联网络－应用－企业
管理－研究 Ⅳ．①F270.7

中国版本图书馆CIP数据核字(2016)第033910号

内 容 提 要

　　本书详细介绍了企业借助 O2O 这把利器实现"互联网＋"战略落地的全过程，向读者全面讲解 O2O，参透 O2O 模式，掌握 O2O 的五个关键要素、六大思维、八大核心问题，熟悉 O2O 的十大业务支撑、五大技术精髓、商业设计等。通过阐述与总结上述思想和方法后，企业可以掌握如何通过和线下融合互动的运营模式，在促进传统产业和传统消费转型升级的同时，助力国家提升综合国力的长远目标，极具实战性。

　　本书适合各类企业营销经理、网络推广经理、企业营销总监、网站运营总监、各类电商运营经理，从事传统行业但近期想开展电商业务的大中小企业 CEO 和高管，以及对移动互联网感兴趣的读者、小型企业创业者阅读与学习。

◆ 著　　　　　　张　文

责任编辑　冯　欣

责任印制　彭志环

◆ 人民邮电出版社出版发行　　北京市丰台区成寿寺路 11 号
邮编　100164　　电子邮件　315@ptpress.com.cn
网址　http://www.ptpress.com.cn

◆ 开本：700×1000　1/16
印张：12.5　　　　　　　2016 年 3 月第 1 版
字数：156 千字　　　　　2016 年 3 月北京第 1 次印刷

定价：45.00 元

读者服务热线：(010)81055488　印装质量热线：(010)81055316
反盗版热线：(010)81055315

2015 年"两会"上的《政府工作报告》中，不仅将"互联网 +"上升为国家战略，而且提出"发展物流快递，把以互联网为载体、线上线下互动的新兴消费搞得红红火火"。此报告一出，很多 O2O 企业、创业者找到了新的发展思路以及"互联网 +"落地的突破口，即线上线下互动的 O2O。这让刚刚冷却的 O2O 再度走火。

《政府工作报告》中还提出："制定'互联网 +'行动计划，推动移动互联网、云计算、大数据、物联网等与现代制造业结合，促进电子商务、工业互联网和互联网金融健康发展，引导互联网企业拓展国际市场。"而 O2O 这种形式能把电子商务、移动互联网、云计算、大数据、物联网、现代制造业、互联网金融等水乳相融起来，于是 O2O 被视为"互联网 +"落地的一种方式，并得到了很多行业的积极实践。其实，在"互联网 +"上升为国家战略之前，很多行业就一直在探索、实践"互联网 +"落地的方式。

O2O 就是"互联网 + "落地的一种方式。比如，"线下集市 + 互联网"，成了淘宝；"线下百货 + 互联网"，成了京东；"线下出行 + 互联网"，成了滴滴；"线下餐饮 + 互联网"，成了大众点评、美团，等等。显而易见，这些行业采用的是线上线下相融合的 O2O 形式，并大幅提升了行业的效率。由此可见，O2O 是"互联网 + "落地的一种有效方式。

然而，企业转型 O2O 并非易事，很多 O2O 企业经历了烧钱大战、补贴大战，依然无法获利。随着 O2O 的泡沫逐渐破灭，O2O 正遭遇着资本寒冬的袭击，成批的 O2O 企业倒下，一些有实力的 O2O 企业也禁不住资本寒流的冲击，开始抱团取暖，期望解决资金缺口。在这样的背景下，O2O 业界又产生了一起轰动互联网界的合并事件，即美团与大众点评合并。

2015 年 10 月 8 日，美团与大众点评宣布合并，这是继 58 同城与赶集、滴滴打车与快的打车、携程与艺龙之后，今年互联网行业发生的第 4 桩合并案。美团经历了 4 次快速密集的融资烧钱，但距离获利依然很遥远，资本市场难免对其失去信心，随之而来的是美团资金枯竭。为了应对资本寒流，美团与大众点评合并成立了新公司，合并之后的美团和大众点评将成为国内最大的 O2O 平台。

美团与大众点评的合并之举，不仅震惊业界，而且改变了 O2O 的格局，一下子把阿里巴巴投资的口碑网和百度投资的百度糯米甩得远远的。纵观大的 O2O 企业的发展，莫不是拼融资能力。无论是美团和大众点评合并，还是滴滴和快的合并，都是为了提高新公司的估值，提高新的 O2O 企业的融资能力。然而，O2O 企业经历了烧钱大战之后，终究要回归到产品本身和服务上，这样才能离盈利越来越近。于是，原来针尖对麦芒的 O2O 企业握手言和，共同提升用户体验，为自己的企业争取最大的发展机会。

"互联网 +"战略的提出，让 O2O 着实火了一把，但是 O2O 的关键字并不是"互联网 +"，而是重视服务和体验，代表者是小米。把硬件变为服务，把功能变成体验，从而打造出了极致的用户体验，快速成为了传统手机行业的后起之秀、中国第一大手机品牌。

O2O 是"互联网 +"有效落地的一种思路，是"互联网 +"战略落地的解决方案，是"互联网 +"的突破口。"互联网 +"是战略层面的，O2O 则是实践层面的。可以说，"互联网 +"战略落地离不开 O2O，O2O 是"互联网 +"改造传统产业的利器。

企业想借助 O2O 这把利器实现"互联网 +"战略落地，就需要全面了解 O2O，参透 O2O 模式，掌握 O2O 的五个关键要素、六大思维、八大核心问题，熟悉 O2O 的十大业务支撑、五大技术精髓、商业设计等，并积极地实践，方可早日使"互联网 +"战略落地，才有可能成为"互联网 +"时代的领导者。

目录
CONTENTS

第 4 章　O2O 的十大业务支撑　/83

第 5 章　O2O 的五大技术精髓　/109

第 6 章　O2O 完美落地的八大核心问题　/129

第 1 章
"互联网 +" 时代，企业家和传统企业在焦虑什么

移动互联网、大数据、云计算、物联网等技术的蓬勃发展，开启了一个崭新的时代——"互联网 +"时代。然而，面对这个崭新的时代，无论是传统企业还是互联网企业都感到万分焦虑，都为"互联网 +"战略如何落地而寝食难安。

"互联网 +"火了，如何落地仍是问题

"互联网 +"概念提出两年多了，一直不为人们所重视。直到 2015 年"两会"，来自科技圈的人大代表认为"互联网 +"可以驱动我国经济和社会的创新发展，提议把"互联网 +"战略上升为国家战略，得到了大家的认可，并迅速被炒红。很快，"互联网 +"被写进了《政府工作报告》之中，上升为国家战略。这犹如为"互联网 +"概念加了一把柴，瞬间"互联网 +"火了。

2014 年 6 月，网易科技举办"互联网 +——网易未来科技峰会"的时候，互联网行业与传统行业相互渗透融合的趋势就已经很明朗了。

2015 年的《政府工作报告》中提出："制定'互联网 +'行动计划，推动移动互联网、云计算、大数据、物联网等与现代制造业结合，促进电子商务、

工业互联网和互联网金融健康发展，引导互联网企业拓展国际市场。""互联网 +"便在科技界、媒体界、通信界沸腾起来了。

2015 年的 IT 领袖峰会上，"互联网 +"成为了参会嘉宾谈论的关键词。腾讯集团董事局主席兼 CEO 马化腾对"互联网 +"充满了信心，并认为"互联网 +"将会是下一个创业的新风口。

无论是传统企业还是互联网企业，都把"互联网 +"视为新的台风口，都紧锣密鼓地布局"互联网 +"，希望顺势而为、借风起飞。然而，他们在实践"互联网 +"的过程中遇到了一个不得不面对的难题，那就是"互联网 +"如何落地。如果企业不能解决此问题，所有的努力都有可能付诸东流，甚至在飞的过程中摔死。

我们经过不断探究，找到了一些向"互联网 +"转型的思路，认为应通过三大步骤来落实"互联网 +"：

第一，规划好"互联网 +"的进程；

第二，弄清楚推进"互联网 +"的难点；

第三，协调"互联网 +"中挣钱与服务这两件大事。

如何推进"互联网 +"的进程

"互联网 +"是大势所趋，我们现在需要考虑的就是如何拥抱它，如何借助它的力量来推动企业的飞跃发展。我们在推进企业"互联网 +"进程的过程中，要明白"互联网 +"的落实需要一个过程。这个过程不可能一蹴而就，需要脚踏实地一步一步地来实践。

业内人士早就指出，"互联网 +"战略从提出到实施，是一个漫长的过程。我们要真正实现所有的行业"互联网 +"化，就需要把"互联网 +"战略深入到各行各业之中，与各行各业不断融合。

实现所有行业的"互联网 +"化，不是某个部门、某些研究者就能搞定的，而是需要每一个行业都参与其中，一起研究。研究的课题就是"如何快速让所有的行业实现与'互联网 +'融合。"同样，推进"互联网 +"的进程也不是几个技术人员就能完成的事，而是离不开广大传统企业的力量。也就是说，广大传统企业的成功转型、积极变革会最终推动"互联网 +"快速向前发展。

然而，传统企业往往后知后觉，甚至抗拒"互联网 +"这种新的经济形态。传统企业的这种不自觉的心态，就注定了想要实现"互联网 +"的宏伟蓝图将是一场攻坚战。就目前来看，大部分传统企业还停留在工业发展 2.0 时代甚至更早，即使那些已经成功升级到了工业 3.0 时代的传统企业，改造起来也很不容易。这就需要**我们找准突破口，找到一个不被传统企业排斥的观点，就是逐步推进"互联网 +"进程，不是简单地以互联网企业改造传统企业，而是一项系统工程。**相信此观点可以得到大多数传统企业的认可，引导他们一起来推动"互联网 +"的进程。

商业模式对于每家企业来说都并不陌生，但是要改造自己固有的商业模式并不是件容易的事情。众所周知，商学院研究商业模式小菜一碟，但是要把新的商业模式落实到传统行业并不得心应手。这也体现了"说起来容易做起来难"的道理。商学院的导师们总能游刃有余地帮助创业者设计一个好的商业模式，但是改造一个传统企业的商业模式总觉得手忙脚乱。比如，生产制造型企业在发展中遇到了一个很棘手的课题，就是如何做到既不污染环境又能生存。众所周知，生产制造型企业往往会造成环境污染，现在环境保护部门要求生产制造型企业不能污染环境，污染环境就会被勒令停产整改甚至关闭，生产制造型企业要继续经营就不能污染环境。商业人士遇到这样的问题，也会不知所措。生产制造型企业要生存，就要向"互联网 +"转型，要有壮士断腕的勇气，砍掉那些污染环境的业务，开拓一些不污染环境的业务，才能生存下来，否则只能坐地等死。也就是说，生产制造型企业要主动来推动"互联网＋"的进程。

企业要实现"互联网＋"，不仅需要企业从思想上认可"互联网＋"，还需要投入很多人力、物力及财力，尤其要具备一定的能力与精力。推进"互联网＋"的进程是一个艰巨的任务，这个重担将落在更多的"80 后""90 后"的肩膀上。"互联网＋"要深入企业的经营实际当中，需要每家企业都要有专业人才，科学地指导企业快速向"互联网＋"转型、升级。

推进"互联网＋"的难点在哪里

"互联网＋"可以改造所有的企业，但是它并不能让企业获得立竿见影的效果，并不是一剂药到病除的良药。尤其对于那些有痼疾的企业，需要持续地给药才有可能使其恢复健康。

目前探究推进"互联网＋"的方法还处在摸索阶段，也许我们在推进"互联网＋"方面应该制订一个 5 年或者 10 年计划。按照计划分批量地改造各级城市的各级企业，一步一个脚印地实现企业与互联网的融合，从内到外地来实施"互联网＋"，并避免生搬硬套。

实施"互联网＋"是一个艰巨的任务，在推进"互联网＋"的过程中，势必会遇到一些困难。亟待我们解决的问题有 4 个：经费难题、新技能的普及难、政策制定与技术改造匹配难、体制改造难。

第一，经费难题

生产设备面临改造，升级生产设备需花一笔不菲的经费，这对于盈利能力低的商家来说是一个难以克服的障碍。经费问题不能解决，推进"互联网＋"战略就只是一句空洞的口号，无法落实。而目前不少企业长期盈利能力弱，甚至游走在生存与死亡的边缘，根本就解决不了经费问题。

第二，新技能的普及难

企业向员工普及新技能有难度，需要时间。众所周知，想让那些已经习惯了已有操作流程的员工学习、熟练操作新的流程，需要一个比较漫长的过渡期。

第三，政策制定与技术改造匹配难

政策制定与技术改造难匹配，尤其是在三四线城市，很难在短时期内为企业匹配到足够的互联网专业人才。

第四，体制改造难

企业向"互联网＋"转型、升级，最终都深入到企业内部的管理制度、人事架构、运营流程、供应链、价值链等方面。其中最难的就是传统企业体制与互联网扁平化之间的冲突，几乎难以化解，就连高科技信息企业中国移动也无法解决这个问题，那些普通的企业就更不用说了。

我们只有不遗余力地去解决这些难点，才能推进"互联网＋"的进程，才能不断地落实"互联网＋"，促进企业快速转型升级。

"互联网＋"，挣钱与服务孰轻孰重

越来越多的企业开始重视公益事业，加大对公益事业的人力、财力投入，这不仅没有让企业的利润减少，反而让企业更加有名气、赚钱更容易了。其实这是一种新的盈利模式，可称为"边行善，边赚钱。"而且实践证明，行善是赚钱的基础。企业坚持行善，就会扩大企业的影响力，就会被越来越多的人称颂，企业品牌、产品就会广为人知。**企业越行善，越有名气，越容易卖出产品，赚的钱就越多**。在"互联网＋"的商业环境中，有的企业不知道如何协调挣钱与服务的关系，在挣钱与服务间迷茫了，曾经提出了"落实'互联网＋'，挣钱与服务孰轻孰重？"的问题。这个问题引起了所有企业的关注。

众所周知，"互联网 +"改变了企业的盈利模式，让企业的盈利模式变得多元化了，企业可以凭借产品的功能赚钱，也可以从服务中赚钱。业界人士也提出了"服务即营销"的经营理念。纵观那些互联网巨头，莫不因重视服务而为自己带来了源源不断的收益。

苹果公司通过销售手机可以赚钱，通过其他业务也获得了不菲的收入，其 iTunes（媒体播放器应用程序）、软件、服务营收累计达到了 39.9 亿美元。小米手机公司的 MIUI 系统，月收入也突破了 490 万美元。

现在的消费者不仅需要产品好，而且对企业的服务也有了要求，如果企业仅仅产品好而服务很烂，久而久之就会被用户抛弃。而如果企业的服务非常贴心，即使产品有瑕疵，也会被用户所包容，用户也会耐心等待企业完善产品，继续购买。MIUI 系统最初也并不是十全十美的，但是它重视服务，并不遗余力地为用户提供快速响应的服务，于是，用户反馈的问题总会得到快速回复，其不满的情绪、怒气便会因此快速地烟消云散，逐渐认可和支持 MIUI 系统。这样，MIUI 系统得以成长为最受用户欢迎的手机操作系统。俗话说，犯错误并不可怕，只要勇于承认错误、改正错误，就是一种进步。MIUI 系统按照用户的反馈意见不断地优化，为用户带来了更流畅的体验，得到了越来越多用户的好评。MIUI 的好服务为其树立了好口碑，从而为其带来了持续的收益。可见，企业要富强，做服务很重要，服务做好了就不愁没钱赚。

众所周知，现在的商品同质化很严重，如果企业与竞争者的商品雷同，要想击败竞争对手，就得想别的办法，通过好的服务就可以完胜竞争对手。比如，两家制造空调的企业，产品一样棒，其中一家就可以通过提供免费咨询、免费安装等服务来取胜。

由此，我们可以断定，推进"互联网 +"，服务比挣钱更重要。我们所有的企业在实施"互联网 +"的过程中，一定要重视服务，并不断地优化服务，以优质的服务来驱动收益增加。

“互联网 +”PK“+ 互联网”：互联网企业与传统企业的巅峰对决

"互联网 +"时代，大多数传统企业、创业者，莫不想与互联网企业合作、融合，整天把"互联网 +"挂在嘴上。那么，"互联网 +"到底是什么？ 具体地讲，"互联网 +"可以分成两类：一类是"互联网 +"，另一类是"+ 互联网"。

"+ 互联网"是把互联网当成了技术、工具。很多传统企业就是把互联网当作一种工具。比如很多做烧饼的，不仅在线下的门店卖烧饼，还在网上卖烧饼，甚至邀请很多美女给用户上门送烧饼，即 O2O 模式。这属于"传统企业 + 互联网"。"+ 互联网"的做法可以提高企业的效益，但不会改变产品、行业的本质，不会为企业带来指数级别的变化。

"互联网 +"是一种道，指用互联网的哲学、思维去指导传统企业如何运作产品，改变它的产品体验、与用户的连接方式、商业模式，从而实现重新配置资源，获得化学反应般的惊人效果。全球著名的租车公司优步（Uber），就是采用了"互联网 +"这种道，从而深刻地改造了打车行业。

优步是全球最大的租车平台，它没有买一辆出租车、没有聘请一位司机，只是利用互联网改变了司机与用户之间的连接方式，从而打破了传统的租车模式，为有车想拉活的人们提供了机会，让想租车的人便捷地租到了车，所以受到广大司机、用户的热捧，并迅速走红。

其实，优步只做了两个方面的事情。**一方面，优步改变了用户与出租车的**

连接过程。用户表面上看到的是优步让人们打车变得便宜了，其实这只是皮毛而已，最重要的是它带来了令用户惊喜的租车体验。相信很多人在打车的过程中都遇到过这样的情况：站在马路上见到空出租车就招手，结果司机摆手拒绝。如今用手机打车，不仅能快速打到车，而且能够通过手机实时监控接驾的出租车，并知道几分钟能够到达，这种踏实的感觉是你在过去的打车过程中根本体验不到的。**另一方面，优步改变了出租车行业的商业模式，尤其是改变了司机的连接，让司机连接用户的机会更多、更便捷了。**优步受到了有车族的喜爱，让有车族轻而易举就可以拉活增加收入，甚至是上下班途中顺道挣钱。优步只是改变了乘客与司机之间的连接，就促进了出租车行业的变革、颠覆了传统出租车的商业模式。可见，"互联网 +"这个道对行业的转型、升级有巨大的驱动作用。

如果说"+ 互联网"是传统企业主动转型、升级的做法，那么"互联网 +"就是互联网企业主动转型升级的行为。可见，"互联网 +"的做法更胜一筹，会为企业带来新的商业模式和翻天覆地的变化，令企业获得意想不到的惊喜。

相信互联网企业与传统企业的激烈对决，将会推动"互联网 +"的进程，驱动"互联网 +"PK"+ 互联网"进入新的阶段，促进线上、线下不断融合。

接下来，我们一起探讨关于"互联网 +"PK"+ 互联网"的 4 个课题：谁是"互联网 +"的幕后推手；从"大众创业"的角度解读"互联网 +"；传统企业面对"互联网 +"的风口的出路；新兴互联网企业或成为"互联网 +"战略落地的排头兵。

谁是"互联网 +"的幕后推手

互联网金融、互联网教育、互联网医疗的蓬勃发展，使"互联网 +"逐渐浮出水面，被越来越多的人所认识。随着 2015 年"互联网 +"被写进《政府工作报告》，"互联网＋"便发展得如火如荼。无论是地方领导还是企业家，都会把"互联网＋"挂在嘴边，网络上、媒体上有关"互联网＋"的评论、新闻多得令人目不暇接。这都表明"互联网＋"已经成为一种潮流。企业要发展，就应该顺应"互联网＋"的潮流，并深入地探究"互联网＋"。不知大家在探究的时候是否思考过谁是"互联网＋"的幕后推手。

据统计数据显示，总理提出"互联网＋"不到一个月，百度搜索里的相关新闻就超过了 4000 万条，相关网页搜索更是不计其数。很多媒体人士都感慨道："在'制造流行'方面，无论明星还是媒体都比不上政府，一个词就能引起成百上千的解读与几千万条的转发。"

的确如此，"互联网＋"这个词语并不是总理创造的，但是总理讲了之后，它就火了。我们可以大胆地设想，即使"互联网＋"没有被列为国家级战略，它也会因为总理的提及而被大量地转发，快速流行起来。

这貌似政府是"互联网＋"背后的推手，其实早在 2015 年两会之前，"互联网＋"就得到了不同程度的发展，其中互联网金融的蓬勃发展、互联网教育的崭露头角、互联网医疗的初显成效，就是有力的见证。这表明即使政府不在两会上提出"互联网＋"的概念，"互联网＋"也会渗透到更多的产业之中，成为一种发展趋势。可见，"互联网＋"幕后的真正推手不是政府，但是我们也不可否认政府对"互联网＋"的大力推动作用。

我们经过不断研究，发现"互联网＋"的发展与蓬勃发展的物联网、智能硬件、大数据等产业息息相关。不断涌现的智能产品走进我们的生活之中，很多人开始使用智能手环、智能水杯、智能眼镜，体验到了智能化，认识到物体可以联网，便没有理由不相信物联网技术。尤其当"万物互联"的概念被提出之后，物联网技术的威力被越来越多的人所认可。而物联网的基础就是互联网，有了物联网，"互联网＋各领域"就能实现各领域的互联网化。大数据早已被应用到了出行、治安、医疗、金融等诸多领域之中，并取得了让人惊喜的成果。

高德地图根据交通大数据，研发了"躲避拥堵"功能；谷歌根据网民搜索的内容，开发了"谷歌流感趋势"项目，让人们提早知道并预防流感；阿里巴巴根据淘宝平台上中小商户的交易情况，快速获取这些商户的财务、信用数据，成功推出了"蚂蚁小贷"，等等。

这些都说明大数据不仅是一项高科技技术，而且是一个非常实用的工具，个人、企业、政府都应该积极地利用大数据。

"互联网＋"产业的形式越来越普及，企业要想真正从"互联网＋"的浪潮中得到蜕变，就一定要读懂"互联网＋"背后的意义。"互联网＋产业"的意义就是企业互联网化，最鲜明的一点就是改变了企业的商业模式。企业商业模式的改变给社会带来了许多深远的影响：**首先就是创业者、创业公司不断涌现出来；其次，创造出了很多新的工作岗位**。创投界的人士非常看好"互联网＋"，高瞻远瞩地预测这是企业千载难逢的转型红利期，并指出那些围绕企业转型做服务的人可在很长一段时期内获得丰厚的收益。随着"互联网＋"上升为国家级战略，"互联网＋"让各行各业的专业人士吃了一颗定心丸，他们毫不犹豫地加入到了"互联网＋"的大潮之中，不断地研究、实践，并总结成功经验及失败教训，为更多的行业落实"互联网＋"战略提供借鉴。这无疑能加快各领域的互联网化，有利于推动全产业转型和升级的步伐。

由此可见，"互联网＋"幕后的真正推手是创业者、创业公司及各界专业人士。

从"大众创业"的角度解读"互联网＋"

企业落实"互联网＋"战略，意味着企业要互联网化，这必然会改变企业的商业模式，催生众多创业者和创业公司。此外，2015 年的《政府工作报告》，明确提出了"大众创业、万众创新"的国家愿景。而"大众创业、万众创新"正是改革开放数十年来人们一直期盼的词汇。在今天，这两个词汇更成为全世界的人们一直苦苦追寻的推动经济新增长动力的引擎，并离我们越来越近。尤其是"大众创业、万众创新"的时机越来越成熟，其可行性越来越强。随着国家的数次下调利息及互联网金融的蓬勃发展，大众创业的资金障碍得到了进一步扫除。

纵观每一次技术革新、每一个新的商业模式诞生，即使在概念阶段，只要得到资本的推动，就会在极短的时间内产生巨大的爆发力，进而变革人们的生活方式。政府明确提出支持"大众创业、万众创新"，并把"大众创业、万众创新"视为一次改革，期望通过"大众创业、万众创新"来解决社会经济发展中的困局，驱动新一轮经济发展。

"大众创业"不仅是有创业梦想的人们实现梦想的一次良机，更关乎国家未来的命运。"大众创业"之所以能激起大众的创业热情，在于"互联网＋"浪潮推动了各行各业的融合，"互联网＋"技术催生了无限商机，"互联网＋"行动计划得到了全民的响应。可见，"大众创业"与"互联网＋"有着紧密的联系。众所周知，"大众创业"提出后，几乎所有的人都对创业充满了激情，各种各样的创业服务机构层出不穷。回顾一下近几年的创业项目，我们可以发现，它们大部分以移动互联网、物联网为主题。

移动互联网浪潮来袭，创业者聚焦于移动应用，移动应用如雨后春笋般冒出；当传感器及各种新材料的价格大幅下降之后，智能硬件成为创业潮流。各种各样的智能硬件很快出现在我们的面前，一些做移动应用的创业者积累到一定数量的用户，也开始研发智能硬件。

智能硬件利用的就是物联网技术，物联网的基础就是互联网思维。只要创业者有了互联网思维，便可以游刃有余地在移动互联网、智能硬件领域找到用武之地，大展拳脚。创业者便可以把衣食住行的各个领域都互联网化，即衣服可以连接网络、烤鸭可以连接网络、买房可以连接网络、打车可以连接网络。总之，互联网可以连接一切。在这样的背景下，几乎所有的创业者都与互联网有关系，而且老百姓也能接受互联网化的商业模式。于是，"互联网 +"在大众创业的大潮之中可以推而广之。

"互联网 +"早已被人们视为基本国策，这意味着人人都可以借助"互联网 +"的风口飞翔。更可喜的是，各地方政府也积极去搭建一站式的创业园区，来大力支持"互联网 +"战略。其中最有代表性的就是地方政府和高校搭建的孵化器，真正为创业者提供了一站式的创业服务。"大众创业、万众创新"提出不到一个月时间，全国的创业孵化器就突破了 1000 家。连接互联网的产业做得有声有色，比如贵阳的大数据产业链，吸引了很多跨国企业入驻，已经成为全国的标杆；再如江浙地区的电商化，不仅起步早，还持续影响着全国乃至全世界商家的电商化进程。这无不说明全国人民的创业热情高涨。

所以，从"大众创业"的角度解读，"互联网 +"是一次可遇不可求的创业"风口"，创业者能够认准这个风口，并提前站在这个风口上，就能借势而上，乘风破浪，毋庸置疑，这有利于创业成功。而"大众创业"的浪潮，又可以普及"互联网 +"战略，加快"互联网 +"时代的到来。

"互联网 +"的风口，传统企业将何去何从

很多传统企业面对"互联网 +"感到很恐慌，担心被"互联网 +"颠覆。其实这有些杞人忧天了，"互联网 +"是融合而不是"颠覆"。国家从战略层面向大

家指出，"互联网 +"是融合，也是升级换代。国家提出"互联网 +"战略，是为了引导各行各业去深入思考：**在"互联网 +"时代，传统企业应如何与互联网实现融合，从而创造新的商业价值，促进产业升级，助力经济发展？**其实传统企业与互联网融合早有先例。

传统集市 + 互联网催生了淘宝，传统百货卖场 + 互联网催生了京东，传统银行 + 互联网催生了支付宝，传统交通 + 互联网催生了滴滴。诸如此类的案例，说明"互联网 +"的模式是切实可行的。

传统企业向"互联网 +"升级与转型，首先就要利用互联网把自己的信息资源共享起来。传统企业的信息得到了共享，将会创造无限可能。我们来看滴滴快的：把用户的打车信息、出租车的位置信息共享，不仅为用户的出行带来了便捷，还大幅降低了出租车的空驶率，增加了驾驶员的收入。再如"交通在手"，把公交车的即时信息共享，避免了用户乘坐公交车久等、赶跑，还避免了因公交车站人满为患而影响整个公交站台的交通秩序、耽误自己的到站时间。**传统企业 + 互联网为人们的生活带来了便捷，从而提高了人们的工作效率，这无疑创造了新的商业价值。**

"互联网 +"让传统企业越来越充满活力，可以促进传统企业升级，可以降低传统企业的经营成本，尤其是为人们的生活带来便利。基于此，面对"互联网 +"的风口，传统企业不需要犹豫、不必迷茫，坚定地登上"互联网 +"的风口，这或许会让传统企业获得华丽转身，否则，传统企业将会自取灭亡。

新兴互联网企业或成为"互联网 +"战略落地的排头兵

传统企业在"互联网 +"时代，需要找到新的出路，而最快的方法就是用"互联网 +"倒逼"+ 互联网"，促使传统企业快速实现升级与转型。于是，很多传统产业与"互联网＋"融合，在行业中快速脱颖而出，并快速做大做强。众所周知，手机行业是一个传统行业，诺基亚、摩托罗拉等世界一流的手机品牌早已淹没在时代的浪潮之中，手机行业中涌现出了苹果、魅族、小米等新兴的互联网企业。这些新兴的手机品牌，就是因为主动"＋互联网"，大胆地实践"互联网＋"，从而成为如今整个行业中实施"互联网＋"战略的榜样、排头兵。

小米手机是手机行业中的后起之秀，仅仅三四年就成长为中国第一大手机品牌，并把触角伸向了电视、路由器、智能手环等领域，做得风生水起。很多传统的手机行业、非手机行业的互联网企业也效仿新兴的互联网企业小米，与更多的产业融合，实施"互联网＋"战略。新兴的互联网安全企业 360 联合传统的手机企业酷派做手机，传统的快递企业顺丰速递跨界发展生鲜电商，推出了"顺丰优选"，传统的家电制造企业格力不再抗拒"互联网＋"，也开始做智能手机。这些企业积极地融入其他领域，简单地讲，**是看中了万物互联，要做生态布局，更深层地讲，是这些企业看到了传统企业与新兴互联网企业的差距及自身的不足。**

随着工业 4.0 的不断发展，传统企业的优势会逐渐显示出来，会发挥出与互联网企业同样的效能，恰好能弥补互联网企业线下的短板。"互联网＋"时代的浪潮势不可当，新兴的互联网企业毫无疑问就是"互联网＋"的先锋军。虽然在时代的变革时期，传统企业仍然观望、被动，然而传统企业因为拥有丰富的线下资源，也是"互联网＋"的重要推动力量。我们建议，新兴的互联网企业要起带头作用，积极地与传统企业融合，方可完成其生态布局，实现"互联网＋"战略落地。所以说，新兴的互联网企业或成为"互联网＋"战略落地的排头兵。

如何参透"互联网 +"的新技术、新模式

业内人士说，一国的发展水平实际上取决于其对新技术的整合和应用。"互联网 +"正是有史以来最有影响力的一次新技术的整合和应用，它必将提高我国的发展水平，成为经济发展的新引擎。众所周知，"互联网 +"是一种新的经济形态，更深入地讲，"互联网 +"是一种新技术、新模式。

我国国家行政学院电子政务专家委员会副主任汪玉凯说："'互联网 +'的本质是'互联网 2.0+ 创新 2.0'的经济创新模式。互联网成为最重要的基础设施，被广泛地应用，新的技术的融合借助互联网创造出无穷无尽的创新。"

与此同时，北京大学移动政务实验室宋刚博士提出了"互联网 +"是一种新技术、新模式的观点，他说："'互联网 +'的'+'，不仅仅是技术上的'+'，也是思维、理念、模式上的'+'，以人为本推动管理与服务模式创新与创业是其中的重要内容。"

由此可见，"互联网 +"的确是一种新技术、新模式。"互联网 +"的新技术具体包括移动互联网、大数据、云计算、物联网、O2O 等。"互联网 +"新技术与各个领域的产业融合，催生了"互联网 + 金融""互联网 + 医疗""互联网 + 交通""互联网 + 教育""互联网 + 农业"等诸多"互联网 +"新模式。

"互联网 +"对经济发展影响深远，其中最引人瞩目的是催生新的经济形态，并为大众创业、万众创新提供环境。如今，"大众创业"已经成为常态。在"大众创业"的时代背景下，传统企业与互联网相结合的项目层出不穷，令人惊喜的是，这些互联网项目诞生之初便具有"互联网 +"的形态，避免了像传统企业那样痛苦转型与费劲升级。"互联网 +"这种新技术、新模式催生了越来越多的互联网创业项目，使企业不再需要投入巨大的人力、财力、物力去探究行业转

型之路。纵观过去，我们可以发现，每一个社会及商业阶段都有一个常态以及发展趋势，"互联网 +"的发展趋势则爆发出大量"互联网 +"模式，推动了社会和商业变革，为社会和商业注入了新活力。

企业要想让"互联网 +"战略落地生根，一定要参透"互联网 +"的新技术、新模式。我们总结了业内人士的观念、经验，建议企业从 3 个方面来掌握"互联网 +"新技术、新模式：

首先，避免多元化运营；

其次，进行产品创新；

最后，打造优质服务。

多元化运营让企业焦头烂额

俗话说，贪多嚼不烂。这告诫人们不要贪多。很多企业在经营的过程中期望获得更多的收益，在条件尚未成熟的时候就迫不及待地采用多元化运营策略，然而，这样存活下来的企业少得可怜。企业铤而走险地采用多元化方式运营，常常被折磨得焦头烂额，结果往往事与愿违。我们经过长期研究，**建议企业谨慎对待多元化运营，避免白费苦心。**

多元化在企业界一直被争论不休，是令大部分企业家焦头烂额的问题。纵观我国的中小企业，我们发现在发展之初就采用多元化运营策略的企业，存活下来的屈指可数；在主营业务没有拥有超强竞争力的时候，就迫不及待地采用多元化运营的企业，能够得以发展的寥寥无几，绝大多数企业被多元化运营搞得焦头烂额，苦不堪言，甚至遭遇重重困境，不能自拔，结果后悔不已。

企业在发展的过程中都会面对是采用多元化还是专业化运营策略的抉择，二者区别如图 1-1 所示。

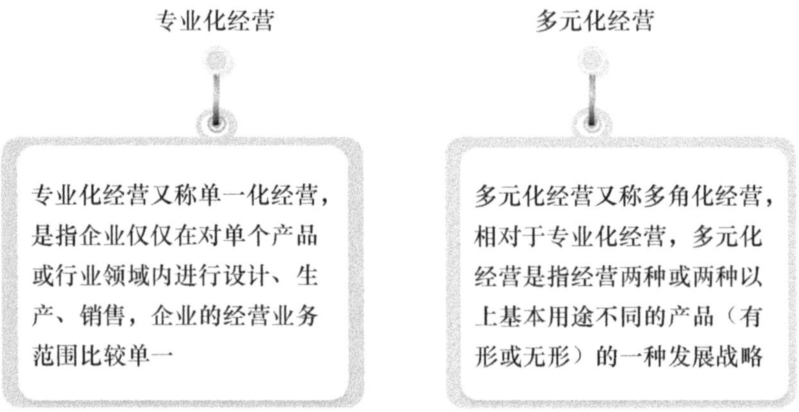

图 1-1　专业化经营与多元化经营的区别

很多企业在利益的诱惑之下，盲目地采用多元化的运营策略，结果把自己搞得焦头烂额。著名的电视企业湖南卫视在发展的过程中企图借助资本多元化运营，盲目地进入自己不熟悉的行业，结果多元化成了湖南卫视的陷阱。尤其是湖南卫视进入了自己不熟悉的房地产行业，让自己陷入了困境。湖南卫视采用多元化运营策略以失败告终，说明多元化运营不是一剂药到病除的良药。当然，并不是说企业都不能采用多元化运营策略，而是启示企业家要慎重地选择多元化运营策略。

企业采用多元化运营策略，需要具备必要的条件。我们建议中小企业要慎选多元化运营策略。中小企业的盈余资金、市场、资源往往有限，而多元化运营首要的一点就是要有雄厚的资本，这恰恰是中小企业的短板。**中小企业要发展，采用专业化的运营策略不失为上上之策，可以集中自身的各种优势，专注于某一产品或者某一领域做设计研发、生产制造、销售服务，结果往往能在某一细分市场做得风生水起，获得丰厚的收益。**只有企业积累到了丰厚的盈余资金，在不削弱自己优势的情况下，才可尝试多元化运营。企业在发展的过程中一定要切忌求大求全，方可避免陷入发展困境，才有可能经营得更好。

产品创新是出路

任何企业在发展的过程中都会遇到发展瓶颈，此时就需要寻找突围的路子。许多传统行业借助"互联网 +"的新技术、新模式转型成功，这表明产品创新是出路，而且是唯一的出路。

众所周知，传统贷款业放贷很慢，很多企业抱怨：等银行的贷款下来，黄花菜都凉了！于是有些企业便铤而走险去借高利贷以解决公司的燃眉之急。传统贷款业长期效率低下、利率奇高，阻碍了其发展，迫切需要寻找新的出路。一些互联网企业就利用"互联网 +"技术创新了贷款产品，推出了新的投融资产品 P2P 网贷，为贷款业找到了一条崭新的发展路子。

互联网与金融融合，产生了"互联网 + 金融"的新模式：P2P 网贷、大数据金融（可分两大模式，一是平台金融，代表为阿里金融；二是供应链金融，代表为京东金融）、众筹等。这里我们以 P2P 网贷为例来说明产品创新的重要性。

P2P 网贷的优点显而易见，门槛低、收益高、效率高，被称为"普惠金融"。P2P 网贷不断升温，吸引了越来越多的大企业进入，加速了行业的洗牌速度，所有的 P2P 网贷平台要想不被淘汰，就需要研究新的出路。有上市公司背景的 P2P 网贷平台"银湖网"的副总裁李俊超曾说，"互联网 + 金融"将从快速扩张转变为行业洗牌，提升产品创新才是网贷平台今后唯一的出路。银湖网正处在快速扩展时期，仅靠现有的熊猫烟花的供应链金融无法满足其发展需求，便谋划众多模式创新。由此可见，P2P 平台的发展充满了机遇和挑战，一开始就得面对惨烈的竞争。在"互联网 + 金融"的浪潮中，那些创新乏力的平台会最先被淘汰出局，那些积极进行产品创新的平台便会条条大道通罗马。

经过长期观察，以及参考业内人士的观点，我们认为，**那些能找准创新模式、**

做大细分领域的企业才能存活下来。其他行业要想在"互联网＋"时代找到发展的突破口，就要不遗余力地利用"互联网＋"的新技术、新模式，推动产品创新，方可进入发展的快车道。

除了贷款业，房地产业、出租车业、保险业等也纷纷利用"互联网＋"新技术、新模式积极创新产品，寻找新的发展出路，并获得了可喜的成果。例如，"互联网＋房地产"模式的房产众筹；众安保险采用"互联网＋保险"的新模式，推出了针对电商的新产品运费险；"互联网＋打车"模式，涌现出了滴滴、快的及神州专车等。基金业在发展的过程中，采用"互联网＋基金"模式，获得了飞速发展，代表者是天弘基金增利宝，即余额宝，它从无名小卒跃居为行业翘楚。纵观那些采用"互联网＋"新技术、新模式的企业，莫不是快速地走出了发展的瓶颈，获得了蓬勃发展。这无不表明，在"互联网＋"时代，产品创新就是企业发展的出路，乃至经济发展的出路。

优质服务是保证

"服务即营销"的理念早已被商家烂熟于心，但并不是所有的商家都能以服务来驱动营销。而那些能够以服务驱动营销的商家，往往获得了飞速发展。创维家电在家电行业创下了璀璨的业绩——连续 8 年蝉联全国销量冠军，成为"互联网＋"模式下家电企业转型的楷模。这与它不遗余力地打造优质服务有密切的关系。

创维的优质服务是其成为行业新秀的保证。创维通过 5 种措施打造优质服务，为用户提供极致的服务体验。

第一，管理人员上门服务

创维参透了互联网"用户思维"的精髓，不遗余力地为用户打造满意的产品、优质服务，为此它举办了"用户体验为王，我们在行动"的活动。在该活动中，创维的营销总部、服务部的管理人员亲自为用户提供上门服务，其中，全国各分公司的服务经理每月不少于 3 次、办事处服务主任每月不少于 5 次亲自为用户提供上门服务。经过 2 个月时间，创维就获得了明显成效，管理人员上门服务超过了 1500 次，提供有效产品建议高达 132 条，提升用户体验方案达到 53 条。创维此举最重要的是了解到了真实的用户服务诉求和产品使用情况，为产品的研发提供了最佳的建议，从而让创维产品更加接地气，服务更加卓越，品牌更加贴近用户。

第二，开通"创维服务"微信公众平台

创维在服务渠道方面不断努力，在客服热线、在线客服、QQ 客服的基础上，又利用"互联网 +"新技术，开通了"创维服务"微信公众平台。在"创维服务"微信公众平台，用户通过创维现成的表单，选择需要的服务，点击服务请求，便可快速获得贴心服务。"创维服务"微信公众平台，为用户提供 10 秒钟维修安装预约、服务进度查询、人工服务、投诉与建议等，为用户获得优质服务提供了前所未有的便利。

第三，开通解决产品服务问题的绿色通道——总监信箱

用户只要关注"创维服务"微信公众号，点击总监服务信箱，就可以 100% 得到创维用户服务部总监的回复，这让用户的问题得到了有效及时的解决。很显然，用户购买创维产品就会更加放心，使用创维产品更舒心。

第四，实施 2 小时内响应服务

用户向企业工作人员请求服务经常被敷衍了事，尤其是买大家电，要求上门安装、维修时，企业的工作人员总是说"马上就到了"，结果黄花菜凉了都不见人影；要不就是对用户的请求不予理睬，认为产品卖出去了就万事大吉了。这种不积极响应用户服务需求的做法，往往会导致用户不满意。创维服务人员经过与用户交流，开始努力快速响应用户的服务需求，并做到了 2 小时内响应，从而快速地解决了用户的问题，这无疑提高了用户的服务体验。

第五，提供服务补偿

用户投诉产品或服务的时候，往往会产生不满的情绪。如果企业服务人员的解决方案无法让用户满意，或者无法解决用户的问题，就会增加用户的不满情绪。为了减轻用户的不满情绪，创维实施合理的服务补偿措施，包括合理的产品优惠、安装维修费用减免、延长保修期、赠送赠品等，从而最大程度地减轻了用户的不满情绪，为自己赢得了好口碑。

创维通过这些措施，终于打造出了优质服务，为其向"互联网 +"转型与升级一路保驾护航，让其在"互联网 +"的浪潮中得以乘风破浪。纵观阿里巴巴、百度、腾讯、苹果、小米、三只松鼠等互联网企业，莫不是凭借优质服务快速成功的。由此可见，优质服务是企业商家经营成功的保证，更是其向"互联网 +"转型与升级的法宝。

第 2 章
"互联网 +" 的风口：O2O 是传统企业最好的出路

随着"互联网＋"概念不断升温，将会演变为下一个企业发展的风口。尤其是"两会"期间，总理答中外记者时再次强调："我想，站在'互联网＋'的风口上顺势而为，会使中国经济飞起来。"他的话音刚落，股市连涨，率先起飞。此番话让所有企业家、创业者对"互联网＋"的信心倍增。然而，"互联网＋"终究要落地，这就要寻找落地的途径。我们经过不断研究，得出在"互联网＋"的风口上，O2O 是企业最好的出路。

深入解读 O2O

O2O 的概念早在 2008 年就被美国人提出了，2011 年便在中国得到了广泛传播。当时，团购在中国很火爆，业界人士便认为 O2O 概念就是要打造"闭环"，并强调预先支付。O2O 在中国发展的第一个年头，主要局限在生活服务领域，为了便于更多的人理解 O2O 概念、区别 O2O 与实物网络购物，那时候不少业内人士便说 O2O 就相当于生活服务电商。随着 O2O 的不断发展，终于突破了生活领域的限制，进入娱乐、电器、交通、教育、医疗等领域。然而，

O2O 在实践的过程中遇到了很大阻力，即线上与线下的融合很困难。随着团购的大片消亡，大型的传统企业成为 O2O 的代言人，苏宁积极拥抱互联网，称自己就是 O2O 企业。传统企业实践 O2O 取得了一些成绩，吸引了一些互联网巨头开始把触角伸向线下。互联网巨头最初只是为了圈线下的用户，他们有的并购线下的实体企业，有的投资、入股线下的实体企业，从而客观上促使线上业务与线下融合。从深层次上讲，**互联网公司发展 O2O 是渠道下沉**。

O2O 的发展并不是一帆风顺的，刚开始被众多企业炒作，火了一阵子。然而，由于收效甚微，很多企业便对 O2O 失去了信心，逐渐放弃了发展 O2O。之后，O2O 就一直不温不火。值得欣慰的是，百度、京东、苏宁、美团、大众点评等市场化的企业深信 O2O 是一种发展趋势，坚持实践 O2O。然而，实践 O2O 的企业大多走得异常艰难，甚至走不下去，代表者就是美团。可喜的是，政府逐渐开始对此进行政策倾斜，发文鼓励大家实践 O2O。

2015 年 9 月 29 日，国务院办公厅印发《关于推进线上线下互动加快商贸流通创新发展转型升级的意见》（以下简称《意见》），坚定态度，着手推进线上线下互动，促进实体店发展工作。《意见》指出，新一代信息技术加速发展，技术驱动下的商业模式创新犹如雨后春笋般不断涌出，线上线下互动成为最具活力的经济形态之一，成为促进消费的新途径和商贸流通创新发展的新亮点。

《意见》肯定了 O2O 对经济发展的重要作用，让 O2O 正式告别数年以来的概念之争，将人们的关注焦点转移到如何让 O2O 真正落地并使之成为线下消费升级和产业转型的利器。毋庸置疑，《意见》给广大 O2O 的从业者带来了曙光，让深陷资本寒冬、亏损严重、前途迷茫的 O2O 行业备受鼓舞，也让更多的企业、创业者关注 O2O 创业项目。相信 O2O 将会迎来其发展的良机。

广大创业者、企业要想分享到 O2O 的红利，就要全面地认识 O2O。什么是 O2O？我们将深入浅出地一一予以解读。

O2O 是 "Online To Offline" 的简称，即线上线下的电子商务。它与 B2B、B2C、C2B 电子商务模式有本质区别。O2O 模式可把线上的用户吸引到线下的实体商店内；用户在线上支付或预订线下的商品或服务，然后到线下享受产品或服务。O2O 模式利用互联网营销渠道为实体店招揽用户，用户可以通过便捷的网络随时随地地筛选产品或服务，从而可节省到店购物的时间，也提高了实体店的成单效率。O2O 模式借助互联网为实体店创造了新的商业价值，毫无疑问，它就是一种充满活力的商业驱动力量。

O2O 的影响范围越来越广泛，任何行业、任何业务（如客户关系管理、营销、销售等），只要有线上线下的配合，就可把它划在 O2O 的范畴之内；不管是互联网公司利用线下去实现渠道下沉，还是传统企业利用线上去促进转型升级，都可称之为 O2O。随着"互联网 +"的不断发展，O2O 的内容将会越来越丰富。传统企业、互联网企业独立发展数年，如今开始产生明显的交集。由此，我们确信 O2O 是企业未来发展的一种趋势。

我们要顺势而为，要利用 O2O 这种新技术、新模式驱动企业发展、经济发展，这就需要深入地了解 O2O。接下来，我们将从 "O2O 最本质的 4 项准则" "O2O 等于时刻服务的电子商务" "智能手机等于服务电商化的利器" 这 3 个方面来解读 O2O。

O2O 最本质的 4 项准则

随着国务院办公厅印发《关于推进线上线下互动加快商贸流通创新发展转型升级的意见》，O2O 的概念将正式被翻页，摆在我们眼前的将是如何实践

O2O。为了更好地应用 O2O 技术，我们必须熟练掌握 O2O 最本质的 4 项准则：第一，成本结构的迁移化；第二，利润获取的多元化；第三，业态边界的模糊化；第四，用户关系的社群化，如图 2-1 所示。

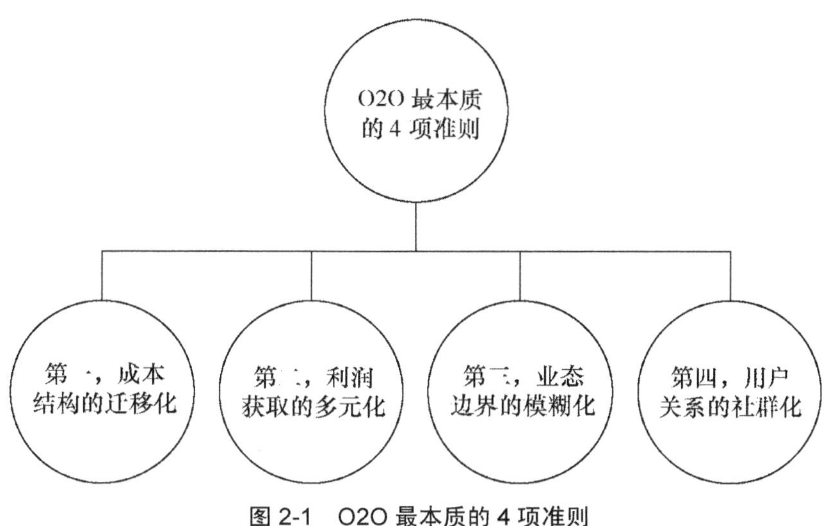

图 2-1　O2O 最本质的 4 项准则

O2O 是一种发展趋势，各行各业纷纷想插上 O2O 的翅膀起飞。为了更好地理解 O2O 的本质，我们以较常见的洗衣 O2O 为例。

第一，成本结构的迁移化

新技术的应用往往能够为商家创造新的商业价值，能够为消费者带来实实在在的便利、优惠。众所周知，电子商务为商家创造了新的商业价值，大幅降低了商家的经营成本，省掉了商家的租店成本，商品的销售价格有了下降的空间，使得用户购买商品更加实惠。在商家、用户的大力支持下，电子商务得到了突飞猛进的发展。O2O 要得以发展，就要为商家创造价值、为用户带来实惠，方可得到商家、用户的大力支持。我们来看看 O2O 模式是如何帮洗衣企业降低经营成本的。

A 是一家社区洗衣店，没有采用 O2O 模式之前，它的经营成本主要由房租、洗衣设备、水电、人工等构成。采用 O2O 模式之后，它就不用租店铺了，只需在社区的便利店放一个小柜台。现在 A 洗衣店的成本构成包括社区便利店的收发柜、中央洗衣工厂＋物流配送。场景发生了巨大变化，现在的场景是用户先在网上下单支付，社区便利店的工作人员便上门取衣服，然后放在柜台上，等待中央洗衣工厂的人来取走衣服、清洗衣服、送回柜台，最后社区工作人员把衣服送到用户手中。现在 A 社区洗衣店的投入成本几乎为零，只需要与洗衣工厂的人分成即可。洗衣工厂的成本结构也发生了改变，原来是昂贵的门店房租、设备的闲置、人员的闲置，现在变成了租金很低的郊区厂房、不需要投入成本的物流。很明显，洗衣工厂的经营成本得到了大幅降低。

第二，利润获取的多元化

如果某洗衣 O2O 企业完成了成本迁移，并且预计未来靠洗衣业务能够获得多少利润，那么它还称不上是一家正式的 O2O 企业，因为仅靠洗衣业务，它的运营效率还无法最大化。只要是长期关注 O2O 的人，都会发现 O2O 市场竞争很激烈。O2O 企业为了提高市场竞争能力，往往会采用价格战、补贴战，最后决定胜负的筹码是谁的服务最好并且价格最低。所以，企业想依靠单一的业务赚到钱比登天还难，因此，企业要提供更多的服务来满足用户更多的需求。

社区便利店的洗衣柜台工作人员或许会遇到这样的场景：到用户家中取衣服，碰到有的用户询问是否可以送面粉；工作人员见多了，就会思考为用户提供送面粉的增值服务。这样，用户在网上下单的时候，若发现家中没有面粉了，就会再下单要一袋面粉。洗衣店的工作人员上门取衣服的时候，顺便把面粉送到用户家中。此时，大家自作聪明地认为洗衣店的工作人员依靠卖面粉挣钱。其实并不是这样的，用户买了面粉，洗衣店的工作人员还会赠送一小瓶玉米油，并告诉用户，有需要可以到洗衣店的平台上下单订购，也可以送货上门。社区洗衣店靠卖油挣钱吗？不是。实际上，它的真正收入可能是面粉、食用油商家支付的广告费和配送费。互联网思维就是不按常理出牌，这说明"羊毛出在猪身上，狗买单"是完全可能的。洗衣店的经营模式变了，利润来源也变了，利润再也不是洗一件衣服挣一件的钱，很可能洗衣服是一种免费服务，依靠别的业务、服务挣钱。

第三，业态边界的模糊化

O2O 企业的业务多样化，会使自己遇到一种尴尬。就以洗衣 O2O 企业来说，它不知道如何介绍自己，它洗衣服，又卖面粉、送油，不依靠洗衣服、卖面粉赚钱，利润来源却是面粉、食用油商家的广告费、配送费，它自己都弄不清楚自己是一家做什么的公司，我们更不知道它是干啥的了。**在未来，用户只能根据企业的入口即产品来认识企业，企业凭借自己的入口级产品来增强用户黏性，吸引用户连带消费。O2O 企业无法定位自己的具体业态从属，但是这并不重要，重要的是企业能满足用户更多的需求，这样企业就不愁没钱赚。**

需要注意的是，业态便捷模糊化，并不等于业态无边界、企业可以做任何业务。企业拓展业务，必须结合其入口级产品的体系特点。对洗衣 O2O 企业而言，做生鲜也许很难胜任，生鲜对物流的要求很高，没有经验的企业就会亏损严重，得不偿失。虽然业态边界模糊化，也没有固定的公式，但是我们可以找到它的一个共性，**即未来的所有业态都将是服务业**。企业实践 O2O，时刻想着为用户提供优质服务，便会有赚不完的钱。

第四，用户关系的社群化

有的企业实践 O2O，以为做个二维码，在线下让用户扫一扫自己的二维码，加几百、几千粉丝，便摇身变成了 O2O 企业。其实这还算不上真正的O2O。其中的原因是这种用户关系极其不牢靠，与传统企业的会员制类似，人们之间的交往很浅，缺乏有效的连接和更强的延展性。众所周知，传统的业态中，企业往往很傲慢，对用户的投诉、建议常常置之不理；企业总是唯利是图，利用会员卡里的用户信息只是为了再次推销。未来的用户关系管理，并不是掌握用户的联系方式就万事大吉了，而是要满足用户的更多需求。如今用户的需求既包括简单的产品功能需求，又包括各种各样的情感需求。洗衣店如果能根据用户的兴趣爱好，将网上的用户进行分类，对每一类用户的衣服给予特色护理，相信没有哪个用户会不乐意的。**企业要维护好用户关系，就必须让自己的产品承载用户更多的诉求，让自己的体系更了解用户，还要建立与用户随时随地的沟通机制，最终形成一个独一无二的圈层，即用户关系社群化。**这才算得上真正的用户关系维护。

这 4 项准则中涉及的成本结构、利润获取、业态边界、用户关系，也是大部分企业商业模式构建过程中的最核心要素，企业衡量自己的商业模式是否有更大的利润空间，只需从这 4 个方面对照自己的产品，便可找到答案。这 4 项准则更体现了 O2O 的本质价值，对企业正确地开展 O2O 有实实在在的指导作用，可避免企业在实践 O2O 的过程中摔跟头，有助于企业在落实"互联网 +"战略中获得事半功倍的改革成效。

O2O ＝时刻服务的电子商务

电子商务在我国发展 10 余年，我们对它很熟悉，其商业价值有目共睹，得到了社会的公认。电子商务在发展的过程中，其模式并不是一成不变的，而是一直在发展变化，除了大家所熟悉的 B2B、B2C 等模式，还产生了一种新的电商模式——O2O 电子商务。O2O 电子商务，即线上（Online）网店、线下（Offline）消费，在这种模式中，实体店家通过免费开网店将自己的信息、商品信息等展现给消费者，消费者通过线上筛选服务，线下比较、体验后有选择地消费，在线下进行支付。自 O2O 模式诞生以来，业界的争议就一直不断，有人唱衰有人鼓吹，但是 O2O 一直是互联网的热门话题，受到业内人士的不懈研究。O2O 这种电子商务对服务要求很高，业界人士称 O2O 为"时刻服务的电子商务"。接下来，我们来一起见识一下 O2O 电子商务的特色——"时刻服务"。

O2O 可以为线上线下的店家提供实时连接与一站式的管理，通过客户、产品、库存、营销、交易、交付配送、服务与安装等管理功能，助力企业实体店与网店之间的渠道融会贯通，达到线上线下实时连通的目的。由此可见，O2O 具有服务功能，并且为用户提供实时服务。商家要彻底黏住用户，光靠低价是行不通的，最终拼的还是服务体验。什么样的服务才能让用户满意？毋庸置疑，快速服务、优质服务、完善服务。尤其是快速服务，一直是用户梦寐以求的。

我们以大家所熟悉的打车为例。在打车 O2O 出现之前，用户的打车成本很高、很难，常常站在马路上，要不是打不到车，要不就是被挑肥拣瘦的的哥拒绝。用户拨打出租车的热线叫车也没谱，要不占线，要不就是不能准时到达，投诉又无门。滴滴、快的这样的打车 O2O 项目出现以后，人们打车的状况得到了彻底改变，叫车方便了，用手机 App 叫车，选定车，几秒钟就会得到回复，快速地解决了出行问题。这都是因为移动互联网技术实现了用户定位功能，把用户与司机快速地连接起来，让用户享受到了实时打车服务，用户反馈也能得到实时回应。

可见，O2O 这种电子商务模式，仅凭时刻服务的功能就能受到用户的热捧，就可获得可观的发展空间。

智能手机 = 服务电商化的利器

提起电子商务，大家都不陌生，只要会用电脑、智能手机的用户，几乎都亲身体验过电子商务带来的便捷。电子商务在发展的过程中，首先就是产品电商化（产品放在网上卖）。如今产品电商化发展日益成熟，变得家喻户晓。但是，商家的服务跟不上电子商务的发展节奏，就会拖整个电子商务的后腿。所以，企业开展服务电商化迫在眉睫。家电业认识到了服务电商化的重要性，开始积极探索家电服务电商化的发展之路。

智能手机的普及促进了电子商务的蓬勃发展，家电企业不仅重视渠道电商化，还重视服务电商化。随着电子商务的深入发展，家电零售电商们也努力与时俱进。**从最初的吸引流量和价格战，开始渐渐向以快捷配送和便捷服务来增加客户黏性转变**。因为只有这样，电商渠道的销量才会有所突破，即从价格战上升到价值战。价值战对电商的要求很高，要求电商具备快速的物流速度以及专业化、多样化的服务能力。物流这块可以直接找专业的物流公司去做，服务这块只能靠自己。首先要让用户获得更加便捷的服务，这就要求服务电商化。

然而，服务电商化的难度远远高于产品电商化。服务电商化之所以难，一是它相对于实物产品而言，看不见摸不着；二是服务没有标准，没有标准价格、标准水平。比如维修什么价、保养什么价、安装什么价，往往报价与实际价格相差很远，导致服务很难让用户满意。

服务电商化是大势所趋。这一点在家电行业内体现得更明显。众所周知，用户对家电的服务要求很高，涉及安装、保养、维修等服务，一旦这些服务不到位，就会影响用户使用家电的体验，甚至给用户的生活带来不必要的危害、损失。**现在的用户从单纯追求低价逐渐转向了购物体验，这就要求家电商家打造更快速、优质的服务**。而现在的大部分家电电商还停留在实物产品上，并不重视产品服务，这就造成了电商服务的落后甚至空白。电商只有大力补习服务，才能促进企业的持续发展。

　　补习的办法就是，**利用智能手机加快推动服务电商化**。那些传统的家电代理商拥有丰富的服务资源，安装、维修、保养等方面的服务能力也很强。遗憾的是，线上的电子商务业务与线下的服务尚未融合，现在线上的电子商务十分需要服务，线下的传统代理商却不懂得把自己的服务与电子商务有效连接。这两者的融合是必然的，电子商务迟早会发展到服务领域。如果线下的服务业不与网络连接，电子商务就会受到严重制约，消费者就会越来越不满意，乃至拒绝网购，电子商务就会衰落甚至消亡。服务业不电商化，就无法提升用户的服务体验，迟早会被改革的浪潮所吞噬。从长远来看，服务肯定会电商化。服务电商化离不开线下企业的服务与线上的电商业务的对接，离不开智能手机这个工具。

　　互联网的真正价值不在于营销，而在于服务价值。随着 O2O 发展进入了第三个阶段（O2O 的 3 个发展阶段如图 2-2 所示），即行业深度参与，服务价值回归，一些成功的传统企业家参透了 O2O 的精髓，并总结出了当下做 O2O 的干货。以小时工为例，一位全国 500 家连锁店的经营者这么描述自己对 O2O 的独特见解。

01	第一阶段，线上引流和促销，线下消费和体验
02	第二阶段，高效的需求与供给匹配
03	第三阶段（O2O 目前正在走向第三阶段）行业深度参与，服务价值回归

图 2-2　O2O 的 3 个发展阶段

O2O 现在已到了拼服务体验的时候了，然而，提升服务体验是需要成本和时间的。传统企业积累了几十年的服务细节方面的管理经验，这是互联网企业一朝一夕无法追赶上的。用户通过互联网企业请一个保洁阿姨，每小时 25 元，从他的连锁店叫一个小时工每小时高达 50 元，可他的小时工仍然供不应求。这说明用户不是光看价格，更看重的是服务体验。互联网真正的价值不在于营销而在于服务。企业要利用"互联网＋"的新技术改造服务，让服务价值更超值，让服务体验更极致，这样才能不断加强企业的市场竞争力。他看清小时工是一个高频服务行业，还懂得"羊毛出在猪身上"的道理，便发展更多的业态，布局了农业、社区服务、金融产品，并在这些领域进行了尝试，取得了较满意的效果。

众所周知，移动互联网时代，商家为了贴近用户，开发了很多手机 App，为用户提供更加极致的服务体验。服务电商化势不可当，需要必备的硬件设备，如电脑、智能手机。可以说，智能手机的普及，让 O2O 找到了发展的突破口。用户拥有智能手机，企业就能随时随地地与用户沟通、向用户发送产品信息、接收用户的反馈，并能快速响应用户的反馈。这样就能最大程度地消除用户的误会、减少用户的不满情绪，用户就会对企业的服务越来越满意。显然，企业借助智能手机提升了用户的服务体验，促进了服务电商化，难怪很多人都认为智能手机犹如服务电商化的利器。

O2O 中的关键要素

任何事物要存在或发展都需要关键要素。人的生命离不开五大关键要素：

糖、蛋白质、脂肪、维生素和矿物质；植物生长需要三大关键要素：阳光、水分、空气；企业发展的关键要素就是核心竞争力。O2O 这一新商业形式，要发展也需要具有关键要素。业界人士都知道，O2O 的传播本质实际上是"信息、物、资金、人"之间的传播，因此，信息、物、资金和人都是 O2O 的关键要素。其中，"物"有两种传播方式，一是商品的信息传播，属于商品流；二是商品的位置传播，属于物流。综上所述，O2O 中的关键要素共有 5 个，即人流、物流、信息流、资金流、商流。

人流

商业离不开人，离开了人就犹如无源之水、无本之木，很快就会快速消亡。在 O2O 的商业形式中，人很重要，人的流量更重要，还是 O2O 的首要要素。业界人士常常把人的流量简称为"人流"。人流的重要性不言而喻，无论是线下的实体店还是线上的电子商务，都离不开人流支撑，有了人流才可能实现转化率（即人流转化为订单的比例），才可能拥有订单。众所周知，电子商务的核心是流量，而 O2O 的核心毫无疑问就是人流。

"人流"中的"人"，不仅仅指消费者，还包括会员、注册用户等与品牌关联的人。在 O2O 中，人流的范围广泛，不仅包括消费者、品牌的会员、使用产品的用户，还包括对品牌有好感、认同的粉丝，乃至社交网络上八竿子打不着的人。显然，这些"人"超出了传统客户关系管理的主体对象的范围。我们经过研究发现，在整个 O2O 体系中，人流是排头兵，它走的主要路线就是：用户（人的流量）到 O2O 业务平台，O2O 平台完成人的信息归集、服务和转化。

如今大多数企业还搞不定人流这一块，是因为在人流方面企业常常会遇到两个棘手问题。第一个问题是人流来了不知道怎么来吸引更多的流量。众所周知，电商促销总是通过大幅优惠带来人流，获得流量，可见电商平台很看重流量，但是没有人流，提升平台的流量就是天方夜谭。第二个问题就是人流的有效转化，只有让人流转化为订单，企业才能获得收益。比如，天猫骆驼旗舰店每天的人流量为 1 万人次，但是连一笔订单也没有成交，商家肯定很不开心。再如王府井百丽鞋店一天的人流量为 5000 人次，但只卖出去一双鞋，商家也会很苦恼。不解决这两个问题，长此以往，店家就会被迫关门。

企业需要重视这两个问题，并尽快找到解决的方法。这就要求企业能够对人做出唯一识别，能够对采集的人流数据进行精细化和差异化处理，能够把人流的属性和需求结合起来并转化成 O2O 场景，比如，儿童想去游乐场，企业就提供游乐园场景；一对情侣想看电影，企业就提供电影院的场景。总之，你通过人流吸引到了流量还远远不够，还需要转化为用户需要的场景，才有可能获得订单。

商流

商流是 O2O 的第二个关键要素，商流实际上就是 O2O 中的订单流。通俗地讲，商流就是商品在成交前后的流动。商流与商品管理、订单管理、交易管理、交付管理关系密切。如果说人流是 O2O 体系的前台，那么商流就是中台。

商流有它独有的价值，就是使线上线下订单流统一，实现统一管理商品和订单相关的元素。

在商流这一块，我们要弄清楚它的价值、目前的发展难题，并探究如何解决难题。商流最大的价值就是能使线上线下统一。图 2-3 所示为 O2O 中商流的两种方向。

商流的一种方向是消费者从 O2O 体验店到 O2O 平台，然后从 O2O 平台到线上渠道，从 O2O 平台到线上渠道是最便捷的电子商务或者移动电商的订单交易，然后再统一配单、分单

商流的另一种方向是消费者在线上下单，从线上渠道到 O2O 平台，然后从 O2O 平台到终端店，分单到相关的终端店进行响应或者交付（终端店提供产品、提供服务，用户到线下消费）

图 2-3　O2O 中商流的两种方向

商流的核心和根本目的就是能统一商品品类、商品价格、订单接入。由此可见，商流的特点就是围绕着商品和订单。在商流方面，传统企业遇到了一个亟待解决的难题，即如何定位渠道终端商在商流中的位置。

在 O2O 中，渠道终端商的位置肯定发生了变化。第一，在过去的订单流中，渠道终端商只是其中的一个传递环节，其主要功能就是垫付资金、搬箱子、库存；在现在的 O2O 模式中，它的功能是为众多品牌与消费者之间提供直接订单，这就面临重新定位渠道终端商的位置这一问题。第二，我们都知道品牌的订单交付只通过自建物流来配送是不现实的，完全依靠第三方物流也不是长久之计，企业必须想新的方法。这个方法就是把订单和终端纳入订单流程中。具体而言，就是把订单分配到各个终端店铺，让终端店铺来完成订单的交易交付。这样可以获得一箭双雕的效果——既可以加速订单交付的速度，又可以提高管理效率。

物流

企业采用电子商务，就会面临商品位置的转移，这离不开物流。在 O2O 中，物流被列为第三大关键要素。一方面，线上的商家获得商品订单后，就需要把

商品配送到用户手中，这离不开物流的配合。物流比较好理解，就是品牌商把商品订单在最短的时间内从一个地点运输到另一个地点，通常是从品牌商的仓库运输到消费者的住所或上班地点。

另一方面，商家提供极致的客户体验的关键要素就是物流，没有给力的物流支持，商家谈极致的客户体验就是纸上谈兵。品牌商如果能够拥有给力的物流，就具有一定的竞争优势，甚至能够快速地脱颖而出。众所周知，京东商城上线时间不长，就迅速获得了广大用户的喜爱，它最大的特点就是送货速度快。在北京地区，只要是上午 11:00 前提交的商品订单，当日一定能送达，这得益于京东自建物流的全力支持。京东过硬的物流实力，使人们获得了淘宝上无法获得的极致的客户体验，使人们主动移驾到京东，成为京东的忠实用户。品牌商如果能提供极速的配送服务，我想没有哪个用户会不喜欢。即使是实体店零售商，为用户提供免费的快速送货到家的服务，也能提升客户体验。在全渠道的 O2O 业务平台中，物流同样是提升客户体验的关键要素、重要环节，它能够把线上或线下的商品订单在最短的时间内送到消费者的家中或办公处。

物流要过硬，必须要抓住一个特点——"快"。纵观众多的物流公司，做得最好的无不是最快的，用户购物无不喜欢快速的物流服务，无不想让商家选用顺丰速递，因为顺丰速递就是快速物流、优质物流的代表。如果商家能选择顺丰速递配送，用户就会对商家产生好感，商家就能凭借优质的物流服务为自己的品牌树立起好口碑。像顺丰速递那样的物流才能满足用户对快速、便捷的物流服务的需求，才能有效地提升客户体验。随着智能手机的普及，越来越多的用户开始在网上买洗衣机、冰箱、热水器、空调等大家电，这些商品的物流要求更加专业，其中包括快速配送、免费安装。总之，消费者会进一步要求物流专业化。

在大多数外行眼中，物流表面上看似一个简单的工作——给用户打电话，上门取货、送货，实际上物流是个复杂的活儿，需要很多配合的环节。任何环节配合不到位，就会延长送货时间，导致客户体验差。所以说，并不是哪个企业都能控制好物流这一环节。也许企业能够胸有成竹地运营区域分发中心的分销物流，但是配送到用户手中的这一块物流未必能够搞定。也就是说，最后一公里的物流搞不定，之前的所有体验都会前功尽弃。所以，企业要运营物流，最难的就是最后一公里的配送，需要投入更多的人力、财力，需要更多的运营经验，方可打造出"快字当先"的物流。图 2-4 为 O2O 中物流的两种方向。

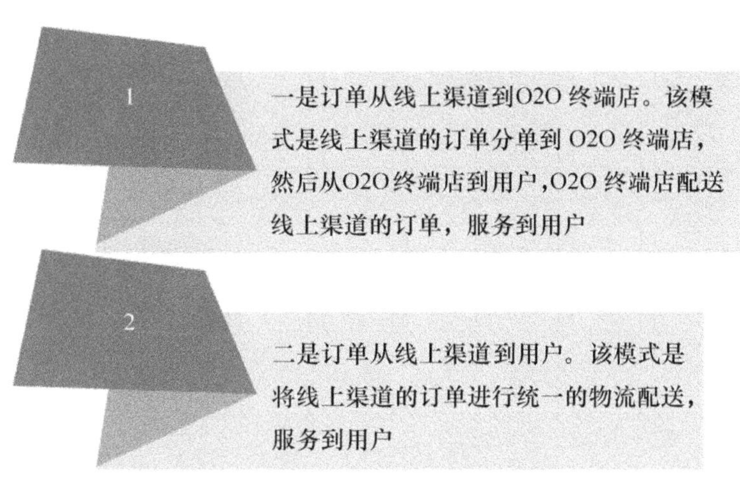

图 2-4　在 O2O 中物流的两种主要方向

信息流

在 O2O 中，信息从一个点传递到另一个点，就称之为信息流。在商业活动中，商品和订单、资金、物流、人都是重要的信息，所以，商流、资金流、物流、人流都是信息流的组成部分。我们探索 O2O 的数字化，实际上就是研究如何把 O2O 中的行为都转化为数据和信息。

由于商流、资金流、物流、人流都是 O2O 中的关键要素，所以说，信息流也是 O2O 的关键要素。此外，在 O2O 业务平台中，前端入口、中台、后台，都会产生海量的信息数据流动。其中，前端入口包括价格体系、营销体系、会员体系、O2O 场景、品牌传播等，中台包括二维码、商品管理、订单管理，后台包括资金管理、物流管理等。这么多环节，可想而知信息数据的流动规模不会小。总之，在 O2O 业务平台上，信息流动必不可少，否则线上线下无法融合。

O2O 中，信息流有自己的独特特点，即海量化和碎片化。我们可以发现，无论是线上业务还是线下业务，每时每刻都在产生规模庞大的信息数据。这些数据具备两大特点：碎片化、海量化。这些海量化的数据直接汇聚成 O2O 的大数据。于是，O2O 的从业者都深有感触地感慨："有 O2O 的地方就有大数据。"

O2O 业务平台要正常运营，需要有一个强大的数据平台来支撑。信息流还会产生海量的碎片化数据、非结构性数据。这些碎片化的数据就需要利用大数据技术清理、归类、分析，才能"为我所用"。显然，这离不开功能强大的大数据平台的支持。这些非结构性数据需要与传统业务体系同步。

图 2-5 所示为 O2O 中信息流的 3 个方向。

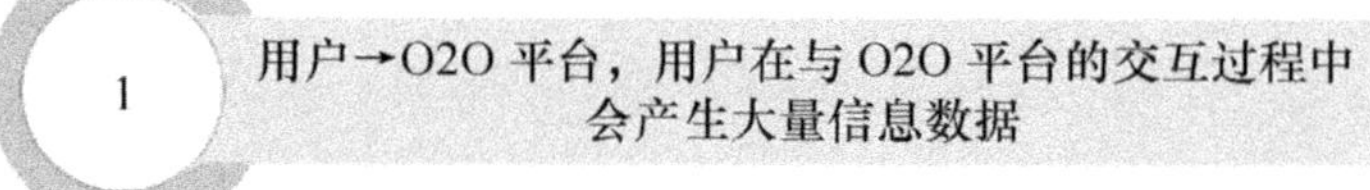

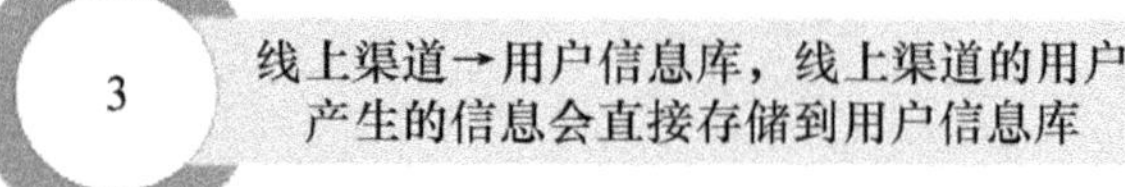

图 2-5　O2O 中信息流的 3 个方向

⊙ 资金流

无论是传统的商业模式还是电子商务模式，都会涉及资金的流动，简称资金流。资金流主要是指交易过程中资金的支付流动，或者交易成功后资金的结算流动，它代表资金为了实现用户的某个目的，从一个账户转移到另一个账户。这不难理解，我们举个例子加以说明。

消费者张先生在天猫美的旗舰店看上了一个电热水器，经过比较，觉得这里的价格最实惠，仅 1100 元，而实体店的售价为 1499 元，便在支付宝平台上从自己的建行账户向天猫美的旗舰店支付了 1100 元，3 天后便收到并使用上了美的热水器。张先生为了使用美的电热水器，从自己的建行账户划出 1100 元到商家的支付宝账户，这就叫资金流。

显而易见，这个商品在交易过程中发生了资金的流动，即存在资金流，而且资金流是在线上完成的。其实，在 O2O 发展的初期，只重视线上的信息流，并不重视线上的资金流。随着 O2O 市场中团购的出现，O2O 企业开始重视线上的资金流，把资金流转移到了线上。现在我们熟悉的滴滴、快的打车以及大众点评订餐、糯米订电影票等 O2O 业务，资金流莫不是在线上完成的。

我们发现，资金流在 O2O 平台中具有新的特点。众所周知，企业在传统的商业业务中，资金的往来是实实在在的资金流动；而在 O2O 平台中，企业的资金流动具有移动互联网的特点，结合网络支付和移动支付的新技术，催生了虚拟资金往来的新模式。比如，巫山烤全鱼（北京天竺店）在美团上派送 100 元的代金券，嘉和一品粥在美团上派送出价值 30 元的代金券，用户免费领取代金券，并用代金券支付餐饮订单。其中代金券支付的金额就属于虚拟资金往来。图 2-6 所示为 O2O 中资金流的两种方向。

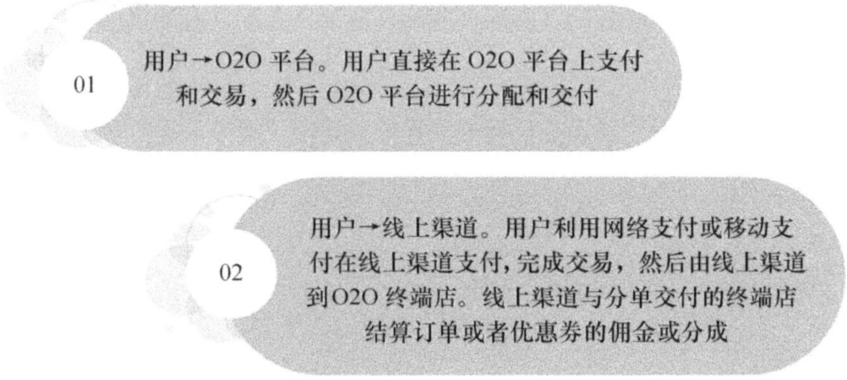

图 2-6　O2O 中资金流的两种主要方向

O2O 最重要的六大思维模式

有句名言说，真正的财富是一种思维方式，而不是工资卡上的数字。的确如此，对个人而言，你的思维方式决定了你的发展高度、事业成就；对于企业来说，思维方式决定了企业的发展前景、发展规模、发展成败。企业家在商业竞争中，如果能保持创新的思维，就能够保证企业在竞争中不断胜出。企业要想在 O2O 市场所向披靡，拿下半壁江山，就需要具备 O2O 思维模式，即会员思维、社交思维、情境思维、运营思维、金融思维、大数据思维。企业只有保持创新思维，才会在思维上胜出，才会在竞争中保持长胜姿态。O2O 思维模式直接决定了企业转型的成败。

会员思维

品牌（或企业）要重构会员思维。我们之所以说是"重构会员思维"而不是说"发展会员思维"，是因为在 O2O 体系中，会员思维有别于传统意义上的会员积分模式。

我们这里提到的会员思维是大会员思维，其中的大会员体系中的"大"涉及两个维度，一个是范围，不仅仅包括企业内部，还包括整个集团、所有的渠道零售、第三方的异业联盟（异业联盟，既可以是不同行业、不同层次的商业主体的联合，也可以是同行业各层次不同商业主体间的联合）；另一个是全渠道，不仅包括线下的实体店，还包括线上的电商、微信社区、微博社区等。

大会员体系其实就是全渠道的忠诚度系统。品牌的不同渠道的会员特点和机制各不相同，线下的会员和积分，线上的电商会员、微信会员、微博会员，线上社区的会员点数，都需要实现有效的融合，才能统一管理，提高管理效率。这些渠道的融合就形成了全渠道的忠诚度系统。

品牌与商业圈、生活圈、会员有交叉的行业或企业进行联合，则是大会员的异业联盟以及通用积分的扩展，大会员与异业联盟合作能使会员在更大的范围得以扩展，通用积分或虚拟币还能在联盟内流通、互换。大会员思维不再采用消费赚取积分兑换礼品的模式，而是要创造社交化、游戏化、社区化、金融化的全新模式。社交化，就是要不断强化会员在线上、线下的社交互动；游戏化，就是通过点数、场景、徽章、任务、道具构建更有趣、更好玩的大会员体系；社区化，就是实现线上的会员社区、线下的会员体验中心、自组织之间的社区互动；金融化，就是把积分演变为虚拟币，为大会员提供消费贷款、众筹、互联网理财等金融服务。

社交思维

智能手机的普及、移动互联网技术的发展，改变了消费者的生活方式。在移动互联网时代，消费者发生了翻天覆地的变化，与此同时，企业营销的主要场所和渠道也发生了迁移，由 PC 端转移到了移动社交上了；企业识别消费者由原来的手机号变为了微信号、QQ 号；企业与消费者交流的工具由过去的固定电话、非智能手机、电脑变为了智能手机。这些变化要求企业必须具有社交思维。社交思维能够结合当前消费者主要使用的社交媒体和社交网络，使企业实现社交互动、提高体验、树立口碑。

在移动互联网技术的推动下，我们迎来了社交时代。俗话说，到什么山头唱什么歌。我们身处社交网络时代，就需要用社交思维去思考、用社交语言去交流、用社交法则来运营。如果企业还用硬广思维来宣传，就会像那些在微信朋友圈坚持每天发布产品图片的人一样，迟早会被拉黑。企业不要以为使用微信、微博等社交媒体就具有社交思维了。如果企业在微信、微博上也频繁发布一些不痛不痒的产品信息、无病呻吟的心灵鸡汤，那你的思维仍然是传播思维，而不是社交思维，就无法吸引到用户，无法激发用户互动，无法获得用户。现在企业要与消费者建立一种社交上的客户关系。

企业要具有社交思维，首先需要了解社交矩阵。社交矩阵是品牌（或企业）与消费者进行全面社交互动的基础，通过有策略、有计划的微博、微信、社区等社交矩阵运营，达到全方位社交互动、提升信任关系、加强品牌认知度的目的，如图 2-7 所示。关于社交矩阵的具体内容，我们将在第 5 章加以详述。

图 2-7　社交矩阵

　　在社交网络的环境中，我们衡量社交媒体的价值不再是经济交换的价值，而是社交影响力。企业看中的不再是用户的购买能力，而是用户影响的社会关系，即用户影响的人数。

　　社交影响力进一步而言就是口碑力，实现社交中的弱关系口碑、强关系推荐，企业就再也不用担心没有用户了。在社交互动的基础上，就可以进一步建立起品牌社群，即粉丝经济，这是品牌（或企业）在社交媒体上信任关系进一步强化而形成的消费者社群效应。

　　社交思维运用的最高境界就是品牌，能让用户和粉丝都心甘情愿地成为品牌的自媒体，从而驱动消费者引导流量、注册会员、传播好口碑等。

情境思维

　　众所周知，O2O 体系中，不仅要有丰富的场景，还需要有信任关系的情感。品牌既要融合新技术的场景，又要融合与消费者之间的信任关系，才能真正为消费者提供更好的客户体验，这就是企业需要掌握的 O2O 实时情境管理。要实现情境管理，前提就是要具备情景思维。情景思维不会从天而降，而需要我们建立。**建立情景思维需要抓住两个关键要素，一个是情感，另一个是场景。**

　　品牌在社交互动的时候就为建立信任关系打下了坚实的基础，在新的场景中需要利用新技术不断加强用户体验、参与、交互。建立情境思维需要借助位置感知和识别技术，如 Wi-Fi 定位、NFC、传感器应用，这些技术不仅可以让我们识别会员、感知位置，还可以实时触发动作，驱动 O2O 场景。

　　如果我们想进一步丰富 O2O 的情境，就需要增强现实应用。增强现实应用可以利用智能眼镜、智能穿戴、虚拟仿真设备等，从而实现虚拟现实场景，并能通过体感动作达到场景互动的目的，利用智能眼镜实现场景转换，可以促进情境中的互动参与、增加情境的游戏化。这会提升情境感知的安全度，特别要在验证、识别、符合规定方面提升安全度，来努力保护客户隐私、确保客户许可。

此外，O2O 情境的服务和内容得益于智能手机、平板电脑等移动终端的支撑，让场景变得更加丰富和可配置。O2O 情境以人和手机为基础，轻松地切换时间与空间，通过各种媒介和屏幕进行传播，凭借跳转到的内容和服务吸引用户，利用道具和社交增强情感关系和用户体验。

为了让 O2O 情境中的支付闭环在移动支付和移动购物之外变得更加有趣，我们需要实施增强实时竞价与议价的策略，比如提供建立在社交关系上的实时竞价、纯社交信用，可以让企业不断地发展社群众筹、社交消费贷款等业务。

运营思维

运营能不能出成绩，关键看企业的运营思维。企业实践 O2O 的运营思维直接决定了企业的成效。企业获得了大会员，关键要运营起来，否则，企业辛辛苦苦积累的会员就成为"僵尸"。运营思维的核心是大会员的数据营销和生活圈运营，能够最大程度地挖掘出大会员的价值。

大会员体系必须具备 5 个要素，即用户模型、团队、流程、数据、工具，包括事件驱动的运营（例如，事件流的监测通过特定时间来触发某些动作，类似可疑信用卡停用、证券的高频交易等），大数据驱动的运营（例如，会员购买商家的产品累积到一定金额，结账系统自动赠送定额的优惠券等，比如天猫超市推出了满 99 元送 10 元优惠券活动、王府井百货商城店庆推出指定产品满 199 元送 188 元代金券）、人工驱动的运营（例如，会员营运中心向会员发送生日祝福信息、赠送礼物、发放快讯商品广告等）。

企业运营的基础是基于大数据建立的用户画像，就是对全渠道的数据聚合和标签运算，建立起能够描绘用户兴趣模型的用户画像，并对用户进行细分以及个性化标注。当然，我们实践 O2O 还需要发传单、交朋友，因为纸质快讯商品广告、电子快讯商品广告、社交互动、消费互动、关系维护等都是运营的基础工作，我们不仅不能丢了这些工作，还要扎扎实实地去做这些工作。

运营的首要步骤就是维护好消费者关系，并且要利用消费者喜欢的渠道或者全渠道来做。企业如果能通过用户细分和特征标签，对产品内容或产品服务进行营销属性匹配，可达到基于用户画像的精准营销的目的，还可以利用用户标签的关联预测等算法达到面向用户智能推荐的目的。

企业还需要不断加强内容运营。内容运营尤其要求企业会讲品牌故事、打情感牌。这离不开创意策划，创意策划只有把普通的活动和情感运营成能够打动用户的好故事，才有可能让粉丝发展成为自媒体来帮助品牌主动传播好口碑。

俗话说，当局者迷，旁观者清。干大事就要有全局思维。运营思维的更高目标，就是**企业要从单个会员的个体中跳出来**，高瞻远瞩地看到会员及其社会**关系构建的整个商圈**（商圈指来店顾客所居住的区域范围）和生活圈，努力构造、运营一个丰富的生活圈生态。

金融思维

众所周知，在 O2O 体系中有一种奇怪的现象："羊毛出在猪身上，让狗买单。"企业从事 O2O，一定要知道让谁来买单，这就要求企业必须具备金融思维。否则，企业一味地做免费服务，迟早会饿死。O2O 最赚钱的环节不再是交易和交换了，主要的商机将来源于免费模式下或者建立在数据基础上的多边平台衍生的金融服务。

金融服务的中心就是数字钱包。数字钱包是指信息和软件的集合体，软件为事物处理提供安全保障，信息包括支付信息（比如信用卡号码和有效日期）和交货信息。数字钱包与大会员的虚拟币、数字资产的数字账户息息相关，是会员个体唯一的金融账户并可以容纳全部的金融服务。比如阿里巴巴推出的支付钱包，可以满足用户缴费、手机充值、转账、互联网理财等需求。

账户与数据融合首先衍生的是互联网理财产品。企业利用社交通道（或者互联网通道）、数字账户，便可以向用户提供更高效、更便捷、更高收益的理财产品。比如余额宝、零钱宝等，不仅让用户的财富得以增值，还让企业获得了更多的用户、稳定的客户关系，赚到了丰厚的收益。

其次，建立在 O2O 体系基础上的大数据衍生出了信用贷款产品。因为海量的大数据大幅提高了信用评估的效率，让人人都拥有了自己的信用分数，都可以享受互联网金融的贷款服务。比如蚂蚁小贷，每一个淘宝商户都可以凭借自己的芝麻信用分申请它。大数据就是企业推出消费信贷产品的依据。

再次，企业还可以根据供应链中的采购、贸易、结算等数据，推出供应链金融产品，如票据融资、应收账款融资的金融服务。这对于企业的好处显而易见：不仅可以大幅提高资金周转率，而且可以降低财务成本，还能提高供应链的整体竞争力。大数据还可以衍生出消费信贷服务、流通链金融服务。消费端的社区活动、支付、会员交易等数据可衍生出消费信贷服务，如向消费者提供消费信贷、积分贷等服务，可以增强会员的消费力度和黏性。流通链中的资金、交易、订单等数据可以衍生出流通链金融服务，如向流通价值中的分销商（或渠道终端）提供订单贷、库存贷、小额贷等金融服务，可提高分销网络的稳定性、产销量。

此外，还有一种建立在社交网络基础上的众筹资金、众筹股权、预售的金融服务。众筹作为一种互联网金融模式，通过个体的社会关系积累起来的信任资本转化为金融资本，大家一起参与一件事或一个活动。可见它是一种有趣的金融服务。

最后，企业整合这些金融产品、金融服务就可以构建自己的网络银行或虚拟银行，结合类似支付牌照打造一系列的金融服务产品，如蚂蚁金服；可以以账号体系为基础进一步把金融服务业务拓展到保险等领域，如延保服务、第三方保险等。金融思维，简言之就是通过打造一系列的金融产品来赚钱，如图 2-8 所示。

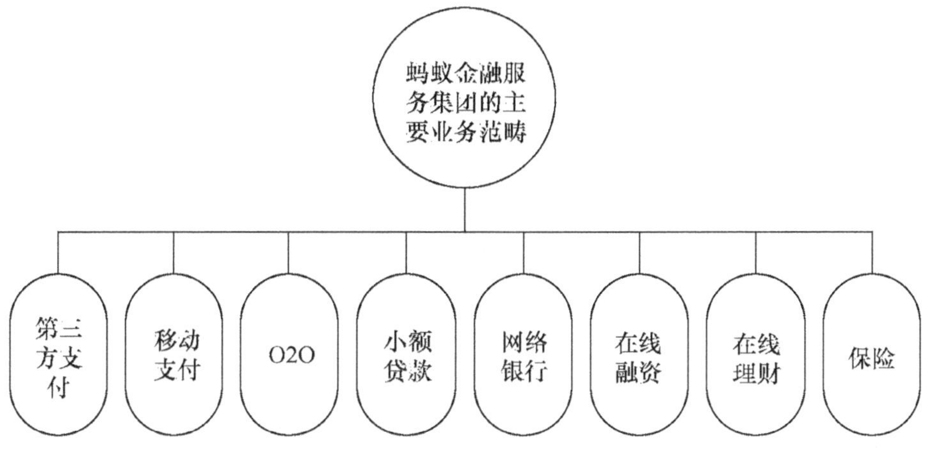

图 2-8　蚂蚁金融服务集团的主要业务范畴

数据思维

大数据是 O2O 的金矿，大数据技术就犹如挖掘机。我们要想利用 O2O 形式实现企业向"互联网＋"转型，首先就需要培养数据思维。有了数据思维，我们才有可能让企业的"互联网＋"战略落地。企业拥有数据思维，就有可能"点数为金"，盘活数据资产、获得数据资源。

对于企业来说，数据就是钱，就是企业的资产。企业捂着数据就会贬值，没有哪个企业愿意看到自己的数据资产贬值，莫不想让自己的数据资产保值甚至增值，这就需要"用活数据"，让数据流动起来。企业如果能增加符合标准的数据、验证数据、更新最新数据，就能依靠数据获得收益。数据如果被闲置很久，就属于别人的了。所以，企业要想方设法地盘活数据资产，来获得数据资源。

企业获得数据资源的方法主要有 5 种。

第一，数据建模

我们要想把客户和会员的数据变为我们的数字资产，就需要利用大数据技术对这些数据进行建模、定义（数据定义用于定义数据库的所有特性和属性）、归档，便可以对数据的价值、增值、归属、交换、评估等进行类似的资产管理。

第二，对数字资产的评估和管理建立数据模型

利用客户主数据模型对不同估值、维度、权重（如图 2-9 所示）的数据进行定义以及归档，并管理信息的归属、采集、利用、验证等。

权重是一个相对的概念，是针对某一指标而言。某一指标的权重是指该指标在整体评价中的相对重要程度。权重要从若干评价指标中分出轻重，一组与评价指标体系相对应的权重组成了权重体系。比如对于站长来说，权重就是百度。也就是说，百度数据是评价一个网站的重要指标

图 2-9　权重

第三，建立数字账号体系，当作核心的资产账户

我们基于数字账号体系，把资产账户扩展到服务数据、交易数据、第三方账户数据、虚拟运营商数据、增值服务数据、虚拟银行数据，从而实现数据持续增值。

第四，建立数据仓库与 BI 模型

我们要想实现数据资产的增值，离不开数据仓库与 BI 模型，需要清洗、验证、

合并、补充、归档数据，并构建数据集市和分析模型，对数据进行不同方向的 BI 分析。这样才能让数据产生更多的价值，即实现数据的不断增值。

第五，数据整合

众所周知，O2O 体系是全渠道，要实现跨渠道的统一客户数据，比如商家海尔，就需要把海尔官方商城、海尔天猫旗舰店、海尔实体店的客户数据统一起来，无论客户王女士通过哪个渠道消费，海尔客户数据库都可以实时获得客户王女士的数据，如果客户是老客户，海尔客户数据库就可以实时追踪客户数据，了解客户历次所有的消费数据。商家需要统一客户数据，就要使数据有唯一性的 ID，数据可识别、可量化、可跟踪。这样，无论用户在商家的线上还是线下消费，商家都可以实时整合客户数据，以便对客户进行精准的大数据营销。

企业熟练掌握这些方法，就是为了清晰而动态地认知和管理数字资产，从而实现实时管理和数据量化。

企业要打造 O2O 体系，这六大思维就是不可或缺的基石，也是落实"互联网＋战略"的核心方法。任何一种商业模式都需要有自己的思维，互联网时代有互联网思维，O2O 体系就应该有自己的 O2O 思维，才不会在探索中迷失方向，才能取长补短，发挥自己的优势，形成核心竞争力，实现产业升级。

"互联网＋"是企业 O2O 落地的发展方向

最近 O2O 最热门的话题，莫过于美团与大众点评合并。2015 年十一黄金周的最后一天，有一则重磅消息出台——"美团、大众点评将要合并"，在业内掀起了轩然大波。最后，媒体确认了此消息属实，并认为两大 O2O 巨头企业的合并将改写 O2O 格局。2015 年 10 月 8 日，美团、大众点评正式宣布合并，成立新公司"大众点评美团"。新公司将会成为我国 O2O 领域的领先平台。美团与大众点评由竞争走向合并，体现了"互联网＋"的融合精神，也有力地说明了"互联网＋"就是企业 O2O 落地的发展方向。

我们在长期探索、研究"互联网＋"并结合互联网线上线下的常态的基础上，整理出"互联网＋"的五大发展趋势：

趋势一，政策推动"互联网＋"落实；

趋势二，"互联网＋"的服务商崛起；

趋势三，"转型红利期""互联网＋"技术成为热门；

趋势四，生态电商再次受到热捧；

趋势五，O2O 会成为"互联网＋"企业的首选。

由此我们不难发现，O2O 会成为"互联网＋"企业的首选，希望这对广大"互联网＋"领域的创业者和企业实践 O2O 有参考意义。

政策推动"互联网＋"落实

"互联网＋"需要从概念炒作阶段走向实践阶段，即"互联网＋"的落实才是关键，才能为企业发展带来商机，才能成为经济增长的新引擎。目前大多数企业落实"互联网＋"没有头绪，持观望态度，导致"互联网＋"发展缓慢。可喜的是，政府对"互联网＋"充满信心，并出台政策推动"互联网＋"的落实。

"互联网＋"是一种新的事物，各领域都需要经过论证和探索；但是事实上，大部分商家处在观望阶段。在"互联网＋"的探索实践过程中，互联网企业比传统企业更主动，因为互联网企业自诞生以来，就一直用"互联网＋"战略去改造更多的行业，已经拥有丰富的经验，勇于探索更多的领域，做到了与更多的领域实现融合，不断地扩大自己的生态体系。其实，利用"互联网 +"战略对传统企业进行改造的难度很大，但是这并不意味着所有的传统企业没有探索互联网化的发展之路。很多传统企业也探索过营销的互联网化，主要方式就是借助 B2B、B2C 等电商平台开拓自己的网络渠道。但是他们仍然停留在用网络宣传信息的阶段，不会、不敢尝试网络交易方面的营销，主要原因就是，他们无法解决线上渠道与线下渠道的冲突。有一些商家尝试自建商城，但失败者多，成功者寥寥无几。令人欣慰的是，创新品牌，利用电商平台销售经营服装（如茵曼、裂帛）、零食（如三只松鼠）等是商家探索到的一条成功的电商之路。随着"大众创业"的不断升温，与互联网融合的创业项目越来越多，这些项目一开始就采用"互联网 +"的新模式，可避免痛苦的升级与转型。这些项目的成功将会引领传统企业主动互联网化，加速实现"互联网 +"转型与升级。

在 2015 年"两会"上，政府决定制定"互联网 +"行动计划，带头推动"互联网 +"落地，并鼓励有能力的企业帮助其他企业落实"互联网 +"。政府下定决心要落实"互联网 +"，并在落实的过程中担任推动者的角色。

政府制定政策主要从 5 个方面来推动"互联网 +"的落实。第一，政府要积极地发现一些既符合政策又做得好的企业并将之评为模范，为其他的企业落实"互联网 +"起示范作用。第二，政府主动挖掘一些有发展潜力的企业，并手把手地指导他们朝着"互联网 +"的方向发展，使之尽快升级为"互联网 +"企业，作为实施"互联网 +"的首批成功案例。第三，因地制宜，建立起一批具有地方特色的"互联网 +"孵化器和产业园，与当地资源充分结合，打造一批互联网思维企业。第四，积极引进"互联网 +"技术。实施的主要方式有两种：一是定期邀请专业人士为当地企业普及互联网常识，二是对在职员工做在职培训。第五，促进资源对接，具体的操作方法就是与各大互联网企业建立长期的人才交流、信息交流、互帮互助等关系，尤其要大力推动互联网企业与传统企业互相交流，促进他们深度合作，乃至融合。

政府制定的"互联网 +"行动计划，得到了各地方政府、众多企业的积极响应。2015 年 7 月初，国务院正式印发了《关于积极推进"互联网 +"行动的指导意见》，进一步推动"互联网 +"行动的实施。相信在国家政策的推动下，"互联网 +"落地生根为时不远。图 2-10 所示为"互联网 +"的十大重点行动。

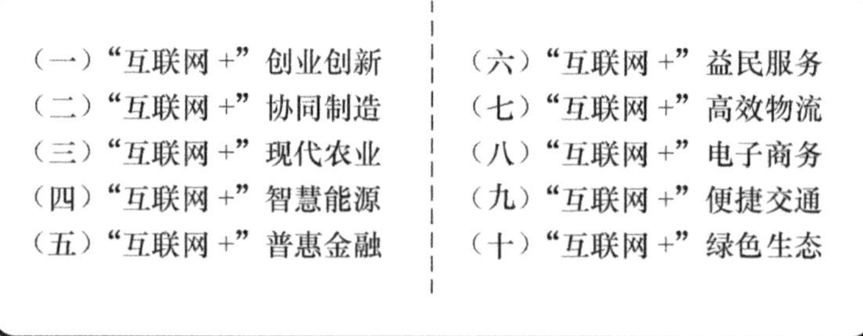

图 2-10　"互联网 +"的十大重点行动

"互联网 +"的服务商崛起

国家出台了"互联网 +"的相关政策，支持"互联网 +"。然而互联网要由理论走向实践，谈何容易？这不是每个企业一看就会做的事情。为了避免企业在向"互联网 +"转型的过程中走弯路，为了落实"互联网 +"的相关政策，国家迫切需要找到一批有能力的执行者。这个执行者就是"互联网 +"的服务商，他们的主要任务就是帮助广大企业实现"互联网 +"转型。

随着落实"互联网 +"的呼声高涨，预计在政府与企业之间会诞生一种第三方服务企业，我们称之为"互联网 +"的服务商。他们将主要来源于互联网企业，也可能会有一些传统的企业逆袭转型成为"互联网 +"服务商。"互联网 +"服务商相当于一个中介机构，他们并不亲自做"互联网 +"的工作，也不做传统企业的生产、制造、运营工作，但是他们能协作线下、线上双方有效配合，他们的主要作用就是实现双方的对接。

关于"互联网 +"的服务商，想必大家最关心就是它的盈利方式。他们只有帮助线下、线上双方对接成功，才可获得收入。他们的收入主要有两大块：**一是双方对接成功之后的服务费用，二是双方对接成功的各种增值服务费用**。增值服务的类型会很丰富，可能来自招聘、方案设计、车间改造、资源寻找、设备引进、培训等方面。

"互联网 +"的服务商涉及的领域也很广泛，包括机器人、O2O 服务商、3D 打印机、智能设备商、云系统、大数据、电商平台等。"互联网 +"服务商的发展过程可划分为两个时期，即初期和后期。其初期的主要模式是单体经营，后期则为复合体，也不排除后期会发展成为纯互联网模式的平台企业。

在国家的大力支持下，"互联网 +"的服务商将势不可当地崛起，助力所有的企业合理地、科学地落实"互联网 +"行动计划。"互联网 +"的服务商，将会成为落实"互联网 +"的主力军。

转型红利期"互联网 +"技术成为热门

"互联网 +"被视为下一个风口，更准确地说是一次千载难逢的商机，创业者、企业家如果能够抓住这次机会，就可分享到丰厚的转型红利。"互联网 +"促进了传统企业与互联网的融合，推动了传统行业转型，打造了巨大的行业转型红利期。这个时期会诞生一些新的职业，其中第一个成为香饽饽的将是"互联网 +"技术。

众所周知，"互联网 +"终究要接地气，只有落地才能生根发芽，长成参天大树；否则只是一个美丽的泡泡，迟早会破灭的。"互联网 +"落地就需要大量懂"互联网 +"技术的人才献智献力。由于社会和行业的强烈需要，必将催生出大量的"互联网 +"专业技术工作人员。"互联网 +"技术企业要落实"互联网 +"实现转型成功，就需要利用"互联网 +"的新技术武装自己，为自己的企业配备"互联网 +"技术人才。"互联网 +"技术人才速成的最佳方法就是参加培训。

最初，"互联网 +"技术这个职业群体将会由成熟的技术人员及运营人员组成，大部分"互联网 +"技术的从业者将会由参加培训上岗的人员构成，他们主要做"互联网 +"服务商的工作。此工作专业性较强，要求工作人员要有整体规划性思路，并且拥有一个自己擅长的领域。"互联网 +"服务商为了给企业提供更加细致的服务，比如一对一服务，最佳的方法是为服务的商家配备数名服务代表，并"驻守商家"甚至"驻守岗位"，这样就可以随时服务商家，为商家落实"互联网 +"保驾护航。

生态电商再次受到热捧

电商是落实"互联网 +"的排头兵，平台电商和生态电商在"互联网 +"时代会备受瞩目，无论是京东那样的大平台，还是像七巧汇那样的地方性平台，都会吸引到更多的传统企业主动前来合作。其中一些平台为了更好地服务入驻的企业，会专门成立独立的"互联网 +"服务公司，深入到众多企业的内部，帮助其实践"互联网 +"战略。

传统企业无不想形成自己的生态体系，于是生态电商会再次受到热捧。传统企业拥有自己的生态体系无可厚非，但是需要走对路子。传统企业在初期转型的实际操作中，选择加入一个平台或生态是明智之举，一方面可以从生态里积累到一些资源，学习其运营模式；另一方面可以避免自搭平台运营失败造成的损失。由于缺乏专业技术人才和经验，企业自建平台成功者很少。企业加入平台或生态体系，能更客观、更全面地了解到自己的资源优势和不足，能够与更多的商家接触、合作，了解到整体产业链布局，拥有格局观念，进而建设出科学的产业格局。

格局观对企业向"互联网 +"转型至关重要，有利于企业找到转型的突破点，达到以点带面的目的，企业自身还有望发展成一个丰富的生态体系。

纵观那些知名的平台和生态体系，如阿里巴巴、腾讯、京东、滴滴、大众点评、苏宁云商等，大多是线上企业。但是这并不是说平台或生态体系就只能在线上做。线下的资源如果得到有效整合，也可以形成平台或生态体系。越来越多的企业认识到了发展生态体系的重要性，并投入巨大财力、人力发展自己的生态体系，如今众多行业纷纷开始建设自己的平台、发展自己的生态圈。随着更多的平台、生态圈的涌现，平台与生态圈的对接迫在眉睫，生态电商将会持续升温。值得庆幸的是，"互联网 +"技术蓬勃发展，可以承担起平台与生态圈之间对接的重任，可大力推动产业的整体升级。

O2O 会成为"互联网 +"企业的首选

随着"互联网 +"战略的提出，沉寂了一段时间的 O2O 又变得炙手可热了。O2O 发展了数年，经过不少行业验证，成为被大家认可的一种相对成熟的商业形式。很多行业以 O2O 为基础，创造出不少新的商业模式。于是，业界一致认为，"互联网 +"要落地，O2O 是传统行业以及互联网企业的首选。"互联网 +"包含 O2O，所以当政府提出"互联网 +"战略、制定"互联网 +"行动计划、出台《关于积极推进"互联网 +"行动的指导意见》之后，O2O 立即广受关注，迅速成了业界热议的焦点话题。经过讨论，大家认为 O2O 只是一种新的商业形式，还称不上是一种商业模式，但是广大企业可以通过 O2O 这种形式改造现有的商业模式，可创造出新的商业模式。还有，O2O 是一种实现线上线下连接的新商业形式，将会成为众多传统企业的首选，O2O 相关的研究单位和资讯公司也会受到重视及热捧。简言之，O2O 会成为"互联网 +"企业转型与升级的首选。

随着 O2O 的不断升温，关于 O2O 的观点也难免鱼龙混珠，有一种观点我们必须予以纠正。自从"互联网 +"被提出之后，很多人认为"在线下线上产业融合的大趋势下，O2O 已经没有位置了"。这个观点显然不正确。随着"互联网 +"的蓬勃发展，O2O 不仅没有失去其重要位置，反而得到了进一步的推动和更大的发展空间。

O2O 是一种专业的研究线上线下之间对接的商业形式，被不少传统企业尤其是手工业借用。现在，他们基于 O2O 探寻到了适合企业发展的新的商业模式，这种模式对所有企业落实"互联网 +"具有很高的借鉴价值。此外，传统企业通过参考大量 O2O 企业案例，可获得向"互联网 +"转型的宝贵经验；互联网企业通过参考大量 O2O 企业案例，可获得与传统企业融合的思路。基于此，我们认为 O2O 是互联网企业必须研究的课题，是广大传统企业的必修课。

由于 O2O 是"互联网 +"的重要组成部分，所以，政府在重磅推"互联网 +"的同时，便会不知不觉地推动 O2O 的发展，这意味着 O2O 是大势所趋。在 O2O 的风口上，我们不必困惑，只要熟练地应用 O2O，便会推进企业的"互联网 +"进程，促进企业的完美转型。

第 3 章

O2O 模式制造的新商机：线上线下资源共享

企业只有熟悉现有的 O2O 模式，才能制定正确的 O2O 策略，摸索出适合自己的 O2O 模式，实现线上线下资源共享，提高资源的利用效率，拥有核心竞争力，在 O2O 市场中攻城略地，抢占更多商机。

导流类 O2O 模式

导流类 O2O 模式是企业最常用的模式，其核心是流量引导。导流类 O2O 模式对应的主要目标群体是处于购买决策期、价格敏感度强的人群，该模式可以为客户提供海量的产品信息、产品优惠、便捷服务，可以让企业享受到主营业务流量带来的规模效益。模式导流类 O2O 常见的形式有 4 种，即团购、导航、App 入口、爆款。

团购，让流量快速聚集

众所周知，团购的商品价格往往很低，企业参加团购的商品利润微薄甚至赔本。那么，商家为什么还喜欢参加团购活动呢？因为商家希望利用低价吸引消费者，为自己门店的其他业务从网上导入流量。在导流类 O2O 模式中，团购是一种典型的通过团购低价从线上到线下引流的方式，代表案例有百度糯米、美团、大众点评的团购板块。

团购是一种新兴的电子商务模式，大致就是在线上发布低于市场价格的团购活动，从而聚集大量消费者向线下门店导流，在线上实现信息流和资金流（即用户在线上了解到商家的团购活动，并在线上完成支付），把消费者引导到线下体验产品或服务。团购要完成向线下导流的工作，要具备两个要素：**第一，团购价格的优惠力度，这是团购的核心要素，优惠力度越大，吸引的流量就越多；第二，线下产品（或服务）的体验。** 这是团购的关键要素，如果企业提供的产品（或服务）质量很差，就会直接导致消费者再也不会参加该企业的团购，该企业今后就无法再利用团购为线下导流了。所以，企业采用团购的方式，一定要价格很低，一定要提供好产品（或服务），这样才能从线上引流到线下。糯米、美团都属于团购模式——通过团购平台把对某一产品有需求的消费者团结起来，与商家议价，使商家给予最大幅度的让利的一种购物方式。常见的团购形式有消费者自行组团、专业团购网站、商家组织团购等。团购往往能够在短短几天甚至几小时内为商家创下巨额的销售量，因而引起了消费者、商家甚至资本市场的高度关注。

大众点评是我国乃至全球领先的第三方消费点评网站。它最早采用以信息传播为基础的 O2O 形式，为用户提供消费优惠、商户信息、消费者点评等信息服务，后来转为以团购 O2O 模式为主，主要提供团购、找优惠、订座、外卖、会员卡等 O2O 交易服务。大众点评运作的团购活动，往往优惠力度很大，参与人数众多。比如，2014 年 6 月推出"东方明珠＋陈列馆＋观光隧道＋信不信＋3D 魔幻单人五馆联票"，团购价格 151 元（原价 295 元），截至 2015 年 10 月

25 日，共销售了 40961 份。可见，团购活动可以从线上为商家的线下导入庞大流量。

导航，吸引用户只需 1 秒

在大型超市购物车上都有商品导航，我们只要输入想要买的商品名称，根据购物导航就能快速找到它摆放的位置；利用购物导航还可以快速了解促销商品，从而买到实惠的商品。现在的汽车都装上了导航，这样司机就不会迷路，能够快速到达目的地，这是汽车导航的主要作用。当然，大城市的司机经常使用导航不再是为了避免迷路，而是为了躲避拥堵，从而可以快速地到达目的地。同样，现在的网站多如牛毛，你如果不知道网站的名字，很难找到它们。有了网站导航，你就可以快速地找到你需要的某类网站，比如财经类、生活类、健康类、旅游类，可以让你在 1 秒内就找到该类专业网站。

导航是导流类 O2O 模式中以地理位置服务为基础的一种引流方式，代表案例是高德。导航就是利用导航服务和地图服务，把业务扩展到生活类、银行类、出行类、休闲类、酒店类等预订服务方面，从线上向商家导入流量。它主要利用用户对地图的刚需来进行引流。但是，地图导航的刚需能不能顺利转化为其他方面的需求，有待广大商家实践检验。高德地图是地图领域的佼佼者，凭借地图在 O2O 和 LBS 方面的天然优势，积极布局 O2O 市场，发展生活服务业务。被阿里巴巴收购后，高德在渠道、用户、流量方面得到了大幅提升，为其做导航业务打下了坚实的基础。高德经常推出回馈用户的优惠活动，2015 年 9 月 25 日至 10 月 1 日推出了高德寻宝活动——16 辆 smart 免费开回家，用户参加活动所能获得的最高奖品是 smart，还可以获得手机流量、加油卡等小奖品。

　　高德地图还推出了"附近"和"发现"功能。用户在高德地图上点击"附近"功能，就可以获得附近的美食、酒店、公厕、公交、地铁、银行等生活服务信息，满足了用户大部分的生活消费需求，如图 3-1 所示。

图 3-1 高德地图的"附近"功能

图 3-2 高德地图的"发现"功能

　　用户要想获得更多的生活服务信息，点击"发现"按钮即可。点击"发现"按钮，可以寻觅美食、美景（周末去哪儿、远游），这些都与出行有关，如图 3-2 所示。我们外出时无不想吃到舌尖上的美食、看到赏心悦目的美景，高德地图的"发现"功能就可以向我们提供美食、美景信息。每一个美食、美景上都附有详细的图文、地址、联系电话，还有自驾出游的导航路线。用户的手机上安装了高德地图，就再也不用担心找不到美食、美景。如果用户在高德地图上看到了美食，并按照高德地图提供的地址、导航路线来到商户店铺消费，高德地图导航就完成了从线上为线下的商户导入流量。

我们从"附近""发现"这两个功能按钮，可以发现高德在做好出行地理信息服务的同时，正在向生活领域靠拢。高德加入阿里巴巴旗下后，尝试了高德购物导航——用户先找到附近的品牌实体店进行体验，然后回到网上下单、支付。线上的商家利用高德地图，就可以吸引实体店附近的用户到店体验，然后到网上购物；线下的商户也可以在网上发布店铺优惠信息，吸引更多的用户，尤其让附近的用户第一时间到店体验甚至购买。

高德地图不仅可以把线下的流量导流到线上，也可以把线上的导流到线下，让用户有了更多的购买渠道。高德地图之所以能够在线上与线下之间成功导流，关键是它有数量庞大的用户。高德地图导航累积的用户数量突破了 3 亿户，同时拥有大数据服务体系。高德地图与阿里巴巴合作之后，携手建设大数据服务体系。高德地图本身拥有地理位置数据、交通信息数据、用户数据等，阿里巴巴又向其分享了淘宝、天猫等电商平台上的商家成交数据、地理位置数据、物流数据、用户数据等，并实现了优势互补、数据共享。这样，高德才可以为用户提供高德购物导航，快速吸引出行的用户关注商户信息，甚至按照高德路线导航完成购物。

⏺ App 入口，一键导流轻松简单

在互联网时代，浏览器或搜索引擎是 PC 端最大的流量入口；在移动互联时代，移动端的流量已经超过了 PC 端的流量。百度财报曾公布，截至 2014 年 9 月 30 日，百度移动端搜索流量第一次超过了 PC 端。移动互联时代，流量入口正在发生变化，流量的入口增加了手机 App，并快速成为主要的流量入口。App 入口之所以受到人们重视，在于它能够实现一键导流。

App 入口是导流 O2O 模式的一种新的、重要的形式。App 入口导流就是通过手机 App 在线上聚集流量，然后引流到线下实体店。如今很多商家都开发了自己的手机 App，以满足用户查询商品、了解优惠信息、购买等需求。其中具有代表性的有优衣库、歌莉娅、美特斯·邦威等。

企业（或品牌）App 就是最有代表性的导流类 O2O 模式，它通过线上互动营销，然后向线下实体店导流。企业 App 往往会从品牌文化、会员积分、优惠券、个性化活动、生活方式等众多角度去设置移动终端应用的功能，使企业在线上得以与用户（买家）互动营销，接着通过新品试穿、门店导航等功能向线下的实体店导流。企业利用 App 入口导流，最大的难点就是如何吸引用户主动安装企业的 App 并一直应用。很多企业通过有奖活动，吸引用户安装了企业的 App，但是用户要么装了之后对其不理不睬，要么在活动结束后就立即卸载。很多企业都想方设法地让用户在手机里安装自己的企业 App，但是用户安装太多的手机 App，手机就会卡死，所以用户不愿意在手机里装太多的 App。对此，企业需要花更多的心思来确保用户愿意安装自己的企业 App，使用起来像手机淘宝 App 那样频繁。

爆款，快速吸引用户关注的秘诀

很多餐饮商家在经营的过程中，都会推出一款味道可口、价格超低的菜品，目的就是吸引消费者，消费者吃了这个超低价的可口饭菜，就会关注该店，就会试吃该店的其他饭菜。这个低价可口的饭菜，就是该店家推出的爆款，目的就是为了吸引消费者关注本店。其实，商家推出爆款商品，最能吸引的就是对价格敏感的用户。现在无论线下还是线上的商户，都很重视推爆款来为其店铺导入流量。爆款毫无疑问地成了导流类 O2O 模式的一种重要形式。做单品款，更是能够吸引用户快速关注并购买。

某品牌专卖店，在门口挂了一款夹克，标着"99 元一件"（平时最低价为 268 元），某顾客看到了，立即进店，毫不犹豫地挑选了两件。从看到到支付不到 3 分钟。这款夹克就是店家推出的爆款，性比价高，能快速地吸引用户关注并购买。网上做爆款活动的商家也屡见不鲜，过去的团购、现在火热的聚划算都是典型的在做爆款。

虽然爆款给企业带来的利润微薄，但是能帮助企业导流，能够增强客户黏性，于是商家对爆款爱不释手。爆款相当于把 B2C、C2C 的单品促销搬到了团购中，消费者团购之后，往往会与在线商家保持良性互动，很有可能去收藏淘宝或天猫的在线商家，日后购买该商户其他商品的概率很高。也就是说，商家通过爆款单品可为整个店铺导入流量，从而拉动其他商品的销量。爆款有很大的局限性，就是只能做单品，只能在规定的时间内做，其收益不是直接的单品利润，**而是通过单品爆款吸引来流量，然后导流到其他品类上，带动其他品类的销量。**例如，家电商场推出单品爆款"49 元电烤饼铛"，希望为其烤箱、冰箱、油烟机等产品导流，带动这些产品的销量。所以，企业做爆款，同时要思考品类覆盖、时间、转化。不同行业对爆款的定义也不尽相同，对于淘品牌店铺而言，爆款是店铺的主要流量入口，对于大品牌来说，本身就有流量入口。聚划算旗下的品牌团、量贩团、聚名品等，都是爆款的典型。其中，量贩团是阿里巴巴利用大数据开发获利模式的一种新方式。

量贩团开团时限一般为 3 天，吸引用户的效果显著。威露士洗衣液通过量贩团，3 天销售了 4.2 万套组合装，相当于一个大型超市 6 个月的销量。平常超市销售的威露士洗衣液是 8 斤装的，售价 60 元，而此次聚划算量贩团组合装（1 瓶 3350ml+6 袋 500ml 装），共 12.7 斤，包邮，仅售 69.9 元，一个组合装可供一个家庭使用长达 3 个月，显而易见，比平常的超市装具有更高的性比价。这正是它能快速吸引用户关注与抢购的秘密。

企业要通过爆款来为店铺成功引流，**一要选择到合适的平台，比如像聚划算这样有潜力卖爆的平台；二要选择合适的单品，并合理定价。**这样方可获得好的销售业绩，才可通过爆款提高搜索排名、带动同店关联销售。爆款只有具有高性比价，才能快速吸引用户的关注，刺激用户毫不犹豫地抢单，这样才能在有限的时间内让爆款销量足够多，为商家导入大流量。

整合类 O2O 模式

整合类 O2O 模式的核心是全渠道业务整合，对应的主要目标群体是理性消费者，他们对信息和渠道的一致性很敏感。该模式常用的形式有两种：一是线上线下资源整合，二是全渠道零售。

线下线上的资源整合

O2O 的两头，一头是线上资源，一头是线下资源。企业或商家需要整合这些资源，才能提高资源的利用效率、降低运营成本。也就是说，O2O 的关键是线上线下资源的整合。于是商家纷纷借助移动互联网，整合线上线下资源，创新商业模式。

线上线下的资源整合，就是要打通企业的线上和线下，实现全渠道业务相通。线上线下的资源整合，是一种重要的整合方式。

线上线下的资源整合对于传统企业来说更加重要。传统企业做线上线下资源整合，需要抓住两个关键。**一要有零售精神。**大部分传统企业不具备零售基因，**主要采用分销模式，而分销风险较大。二要规划好电商整个业务在整个公司业务当中的架构、资源投入状态、未来期许状态。**

优购网与百丽鞋业合作，依靠百丽鞋业强大的供应链，5 个月时间就让百丽在业界脱颖而出。优购网整合传统鞋业百丽线上线下资源，曾经获得了全球鞋业排行第二、全球时尚排名第六、中国民营上市公司排名第三（第一、第二分别是互联网巨头百度、腾讯）的好业绩。优购网 CEO 徐雷总结了自己做线上线下资源整合的经验：他做百丽以及其他品牌，网络款所占比例高达 30% ~ 40%，并采用虚拟库的方式，可以避免因看不准市场需求而导致失手；他一定会拿好货，因为拿不到好货就没有竞争力。传统企业做线上线下整合，一定要把电商业务作为公司的重要业务，并加大投资力度，把它当作公司未来的重要业务。

餐饮是一个古老的行业，O2O 企业饿了么以摧枯拉朽之势改造了这个老得掉牙的传统行业。线下的餐饮资源沉淀了几千年，非常丰富，但是由于地域限制，并不能让更广泛的用户品尝、享受到美食。互联网的诞生让一些餐饮企业积累了一部分餐饮的线上信息，但是极其有限。移动互联网的出现，让餐饮线上与线下的资源融合有了可能。比如，餐饮 O2O 平台饿了么推出了手机 App，整合了线下餐饮和线上网络资源。在饿了么这个餐饮 O2O 平台上，用户利用手机、电脑即可轻松地搜索到周边餐厅，进行在线订餐。

饿了么还为线下餐饮商户提供一体化运营解决方案，线上聚集了 300 万优质用户，线下连接 5 万家商户。2014 年 6 月，日均订单量突破了 30 万单；2015 年 9 月，日均订单 120 万单左右，占整体在线外卖市场的比例高达八成。随着外卖业务规模的不断扩大，饿了么也开始打造自己的餐饮生态，坚定不移地以外卖业务为核心，进一步拓展物流业务、快销产品分发、增加外卖品类，朝着全面的 O2O 企业方向发展。在饿了么这个餐饮 O2O 平台上，餐饮业上游的中小餐厅利用饿了么外卖 App 就可以获得来自线上的订单，销售出更多的餐饮订单，餐饮业下游的餐饮商户就可以实现区域运营模式，为用户提供线上的订餐、线下的用餐。比如，北京大兴区兴华园区域的餐饮商户，就可以为这附近的小区、街道的用户提供外卖服务。随着餐饮业线上线下资源的整合，所有的餐饮企业都推出了自己的外卖业务，不仅有效地缓解了用餐高峰的压力，还可以扩大业务量。可见，线上线下资源整合可以有效配置资源、提高企业的运营效率。

受到餐饮 O2O 的启示，越来越多的行业开始制定自己的 O2O 战略，整合线上线下资源。苏宁线上线下同价，国美线上线下低价，虽然两大严重同质化竞争的家电连锁企业在经营策略上"分道扬镳"，但归根到底还是对线上线下资源的整合方式不同。因为资源整合方式不同，两者整合后的效果差距很大。苏宁整合之后线上线下同价，国美采用线上线下都低价的策略（就是国美线上产品比所有同行线上的产品价格低，国美线下的产品比所有同行线下产品价格低）。总之，在电商经历价格战、物流战之后，谁能将线上线下资源巧妙地整合起来，谁才能在下一步竞争中站稳阵脚。

全渠道零售

全渠道零售就是体现在零售方式上的整合，典型案例是 GAP。**全渠道零售，就是企业为了满足消费者任何时候、任何地点、任何方式购买的需求，利用实体渠道、电子商务渠道和移动电子商务渠道整合的方式销售商品或服务，提供给顾客无差别的购买体验。**全渠道主要有三大类型，即实体渠道、电子商务渠道、移动商务渠道。企业做全渠道零售整合，最大的困难就是如何拥有泛渠道，尤其是移动电商和社交领域的运营团队和运营能力。

GAP 是美国休闲时尚品牌，创立于 1969 年，主要产品是男女服装、婴童装、孕妇装，并给人们传递了"大胆、简易、时尚"的时尚文化。用户只要购满 199 元，就可以享受免费配送、货到付款服务。GAP 实施全渠道营销旨在提升消费者的购物体验。GAP 采用全渠道模式之后，业务增长快速，便于 1997 年成立了 GAP Online，其主力品牌也相继上线。GAP 决定把线上业务打造成全渠道模式的核心，并在全球主要的国家开拓线上业务，从而使其线上业务得到了飞速发展。

全渠道零售模式可以为消费者提供随时随地的无缝对接的购物体验。GAP 公司在全渠道模式中，以消费者为中心，通过所有的销售渠道，无缝连接消费者在各种渠道中的购物体验，并使用户在购物过程中心情愉悦。用户可以同时利用 GAP 公司的所有渠道（如实体店、PC 端、移动端等），满足随时随地的购物需求，用户身处实体店，同时可以用手机在移动端浏览商品、购物。

在全渠道零售整合的过程中，线上线下融合发展经历了 3 种经典形式。

第一，店内搜索：消费者先在线上搜索自己需要的产品，确保来到实体店的时候有自己想要的产品的颜色、款式、型号。这样消费者就可以试穿，可避免白跑。

第二，店内预订：消费者在线上预订自己需要的产品，确保来到实体店还能找到自己需要的产品款式、颜色、型号，在实体店实现一站式的体验、付款、购物。

第三，店内配送：消费者在线上下单并支付，可以在附近实体店自提，或者等待附近的实体店配送，并且公司线上业务都可以共享线下物流资源。

GAP 制定了其全渠道销售战略计划，就是把线上业务和实体店结合起来，目的就是改善消费者的购物体验。GAP 依托全渠道资源（即线上下单而在实体店内进行保留货品、找货、发货等服务），进一步实践其新服务项目"门店订购"，就是让消费者在门店也能惊喜地选购到线上的商品。消费者就可以在线上预订，在实体店体验、支付、购买。这种方式毫无疑问提升了用户的购物体验。

社交类 O2O 模式

在社交网络、社交媒体的带动下，用户强烈的社交需求得到了前所未有的满足，同时这种社交需求还深刻影响着用户与企业的关系。企业如果不懂得利用社交工具与用户互动，就会失去用户。社交工具是企业维护用户关系的重要手段。如火如荼的 O2O 与社交网络不断融合，衍生出了社交类 O2O 模式，它的核心是促进消费者交互和参与，其服务对象是喜欢社交、有社交诉求的用户。社交类 O2O 模式对用户和企业具有重要价值。对于用户而言，能够极大地满足用户的社交需求、优化线下体验。对于企业而言，能够使企业增加接触点、收集用户数据、提升信任关系。

社交类 O2O 模式在实践中有 4 种主要形式，即全民营销、人人都是自媒体、口碑效应、社交网络。

全民营销

全民营销是一种新的拓展客户渠道，就是把员工、销售经纪人、会员等发展成为人人营销的渠道，通过个人的信任和社交关系进行营销的一种方式。

全民营销威力巨大，碧桂园当年采用"全民营销"的策略，销售金额同比增长 94%，在全国十强品牌开发商中业绩增速名列第一；青岛鲁商泰晤士小镇开展全民营销，并配合全民营销开展的线下活动"全民嘉年华"，创下了起售 4

小时，售出 858 套房子的惊人业绩；广州万科推出全民营销同享会平台（会员以老业主为主），上线 3 个多月，售出 641 套，累计金额 5.2 亿元，等等。全民营销体现了众人拾柴火焰高的巨大威力，受到了越来越多的商家青睐。

全民营销得以成功，需要信任做基础，用户对品牌的信任、用户与用户之间的信任关系、用户对经纪人的信任都是必不可少的。总之，全民营销需要建立在好友关系信任的基础上，通过社交技术实现管理和跟踪个人社交关系，使单品爆款（或营销任务）在个人社交关系圈中传播和转化，并对转化进行识别和个人激励，通过去除中介的高激励来吸引个人主动持续地进行口碑传播和转化。全民营销不能一味地用高奖励、高佣金为诱饵来推销商品，而是需要保持与好友的强关系互动。互动是全民营销的核心。

典型"全民营销"案例——华润悦景湾"我是经纪人"活动，就是因为重视互动，在地产白银时代，获得了令人瞩目的业绩。2015 年 9 月 30 日，亿翰中国发布的企业业绩排行榜显示，华润以 80.4% 的完成率排名第三。这样的好业绩得益于其采用了全民营销的策略。

华润悦景湾项目启动了"我是经纪人"计划，该计划以华润置地北京置地会微信公众平台为基础，用户通过在线分享与推荐悦景湾项目，便可获得相应的佣金收入：第一，可以获得低成本的营销红利，产品通过线上传播，充分利用了移动互联网低成本、高效率的营销福利，将悦景湾项目推向全国，让有需求、有能力的客户购买悦景湾房产项目，实现"有房"梦想；第二，可分享互联网红利，让那些愿意奋斗的人通过参与"我是经纪人"活动实现自己做经纪人的梦想。

全民营销要成功离不开两个要素，即信任和高佣金的激励。第一，华润深耕地产行业数年，积累下了许多信任企业品牌的优质业主；第二，华润用高佣金激励内部员工、业主、外部人士（如广场大妈、中介等）的参与；第三，员工、老业主、广场大妈、会员、中介等执行全民营销的策略。

企业员工的社会关系带来了人们之间的信任，老业主的口碑使新客户对品牌产生了信任，这进一步实现了品牌信息的大规模转发，从而把营销活动推向了全民营销的高潮。

人人都是自媒体

社交网络让人人都可以像记者那样发表文章、评论、吸引读者。只要你愿意，你就可以成为社交网络上的记者、自媒体。社交网络促生了无数自媒体，我们可以毫不夸张地说，人人都是自媒体。现在新闻联播中，有不少篇幅的内容就是来源于自媒体。子洲县山洪冲走姐弟俩的瞬间视频、叙利亚 3 岁男童偷渡溺亡俯卧沙滩的照片等内容，都是来源于自媒体。企业用好自媒体不仅能获得好的营销内容，还能获得忠实的粉丝。

人人都是自媒体是社交类 O2O 的一种营销方式。**人人都是自媒体，就是让个体产生内容，成为传播品牌的自媒体；粉丝自媒体，就是让粉丝产生内容，成为传播品牌的自媒体，粉丝自媒体的信任关系更强，更能促进企业的 O2O 发展。**粉丝自媒体这种社交类 O2O 模式，就是利用粉丝的社交关系和社会资本进行 O2O 转化。很多企业鼓励粉丝生产内容、传播品牌，这些粉丝就称为企业的粉丝自媒体。粉丝自媒体的本质也是用户产生内容，就是让认可品牌的用户产生内容，实现社交网络传播，形成新的粉丝交互和活动转化。粉丝自媒体必须具备品牌的互动体验和拟人化情怀这两个要素，这样才有可能吸引新用户转化为企业的粉丝。要达到此目的，企业离不开一个熟悉互联网和年轻消费者的运营团队。

自媒体层出不群，创新了企业的营销。自媒体靠玩出来的，内容、形式都要新颖独特，才能吸引用户眼球、让用户主动关注你，并持续地关注你、与你互动。

烟台大悦城曾采用粉丝自媒体宣传自己的品牌。它通过微信社交平台，把品牌拟人化为"悦姐"，并采用"××体"形式，买断了烟台全城 300 多块户外广告位推出"悦姐说"，立即走红全城。大悦城推出第一期"悦姐说"之后，吸引了很多用户关注，不少粉丝利用微博、微信给悦姐留言，希望能在悦姐的广告位上表白。大悦城便结合 UGC（用户原创内容）的粉丝自媒体思维，迅速地调整了推广计划，并推出了"悦姐帮你说"的微信征集活动。此活动一经推出，就收到了海量回复，进行了两期"悦姐帮你说"的活动，总共收到了 5000 多条回复。粉丝回复的内容很丰富，有表白的、事业的、亲情的等。烟台大悦城通过自媒体宣传开业信息，并把 30% 的宣传资源分享给粉丝，也就是全城 30% 的宣传语都是粉丝的表白，以此来达到宣传大悦城的目的。粉丝乘坐公交车，看到自己的表白制作的广告语，就会惊喜地拍照分享到社交网络上，大悦城的品牌就得到了传播，并获得了第一批粉丝。

由此可见，品牌（或企业）采用粉丝自媒体的形式推广，需要抓住互动、社交化传播、粉丝、品牌拟人化、信任、极致体验等要素。无论粉丝自媒体（指粉丝生产内容、传播品牌）还是人人都是自媒体，都要有效利用社交媒体粉丝自媒体传播。

口碑效应

康师傅冰红茶推出"快乐不下线"的主题活动，并与猫扑、校内、腾讯、酷 6 等展开深度合作。它根据不同网站上用户的使用习惯，推出了不同的主题活动。在猫扑网推出"漫画真人秀"活动，鼓励网友上传图片故事或给剧本配旁白，得到了成千上万用户的参与，共获得了 1.5 万件作品；而在校内网，推出"晒照片，乐翻天"活动，参与流程简单，推行"一键式"参与法，激发用户的参与热情，吸引了 4000 余人参与，获得了有效作品 1.6 万件，使冰红茶这个品牌深入人心；与腾讯合作，推出了冰红茶产品与 QQ 企鹅形象相结合的"魔法表情主题包"，吸引了众多参与者，共获得了 360 万次的下载量，同时吸引了许多用户主动转发。康师傅推出的一系列活动，深深吸引了目标用户，短短 2 个月就获得了逾 840 万次的广告点击量，从而成功塑造出了康师傅冰红茶年轻、具有活力的品牌形象，并打造出了康师傅冰红茶的"快乐"理念。

口碑效应具有超凡的力量。口碑效应是社交类 O2O 中可实现用户转化的一种形式。口碑效应出自游戏领域，指一些优秀的游戏作品在发售之初并不为世人瞩目，但随着时间推移，玩家的好口碑却使之逐渐走红。在消费的过程中，消费者能获得满足感、荣誉感，才会产生递增的口头宣传效应。企业要想让客户满意，不仅你的结果要让客户满意，而且你的过程也要让客户无可挑剔。总之，客户满意了才会不由自主地帮你传播口碑。可见，企业要想获得口碑效应，必须想方设法地满足用户的产品需求、服务需求、附加值需求。

电影《夏洛特烦恼》与《九层妖塔》都是 2015 年 9 月 30 日上映的，上映首日票房相差十万八千里，前者为 3400 万元，后者高达 1.16 亿元并摘获了当日的票房冠军。但首日票房并不引人注目的《夏洛特烦恼》，之后票房持续走高。国庆长假最后一天（10 月 7 日），当日的票房高达 1.14 亿元，7 天票房总计 5.58 亿元，成为了国庆档电影冠军。这完全出乎大家的意料，引来了业界人士的注意与研究。大家发现互联网对电影行业的影响越来越大，我国的电影观众欣赏影片越来越理性，越来越喜欢分享自己的观影心得。观众在观影后喜欢在微信、微博等社交媒体上发表影评，继而形成了口碑效应，把看到影评的用户转化为了观影者。在社交网络时代，口碑效应已经成为了检验影片质量的硬指标，甚至决定了影片的生命周期。如果口碑效应一直继续，那么影片的生命周期就会延长。

口碑效应不仅适用于电影行业，也适用于所有的行业。企业的某产品被使用者在社交媒体上点评，影响着那些看点评信息的用户的购买行为。如果已使用者给予产品好评，就可以把看到好评的用户转化为消费者。如果企业的产品能够给客户创造极致的体验，使众多使用过的用户愿意在社交媒体上谈论，就会获得梦寐以求的口碑效应，从而获得持续的收益。

社交网络

O2O 领域有一句名言："当 O2O 爱上社交网络，流量自然来。"可见，O2O 与社交网络有着紧密关联。企业实践 O2O 结合社交网络已成趋势，所以企业要熟练使用社交网络。

社交网络，包括我们熟悉的社交网络网站和消费评论、论坛、即时通信、移动社交、微博等。常见的社交网络网站有人人网（校内网）、开心网、白社会等，消费评论有大众点评、美丽说等，论坛有百度贴吧，即时通信有 QQ，移动社交有微信、来往，微博有新浪微博、腾讯微博、网易微博等。

企业往往需要把多种社交网络组合起来使用，才能实现用户转化。这种社交网络组合的形式，就是社交矩阵。社交矩阵可聚集大量流量。在 O2O 模式中，社交矩阵是品牌与消费者的全渠道和多层级的交互，通过全面的社交互动带来 O2O 转化的一种形式。

社交矩阵的核心就是品牌与消费者的全面交互，最显著的特点就是通过贴吧社区、微博、微信等社交渠道进行实时个性化的社交互动，互动的过程中要完成两个任务：**一是采集用户数据，二是增强用户的信任关系，最终达到品牌认同感的目的。** 社交矩阵不是开通微博、微信就可以了，而是利用这些社交媒体工具用心与用户进行互动，我们建议企业高管也要定期参与互动，其典型代表是手机品牌 vivo。

手机品牌 vivo 为了与用户互动，采用社交矩阵形式，其社交矩阵包括微博、微信、社区等渠道，同时又围绕总部、渠道、终端、导购个人等不同层次组成了矩阵结构。

品牌总部开通微博，主要任务是把控品牌方向、沟通主题、定调、发布新产品和官方信息。此外，品牌总部还开通了微信公众号（包括订阅号和服务号），其中总部服务号有明确的社交定位，即做营销活动、产品推介、售后服务的综合互动平台；总部订阅号的主要作用是发挥微信的优势，补足微博信息传播的短板。品牌社区以 vivo 乐园和 vivo 贴吧为主。品牌社区是所有社交平台上用户的蓄水池、内容的容纳箱，是激活所有平台上的社交资源，并激励用户互动，最终引导用户体验服务、购买产品的社交资产重要阵地。

总部社交矩阵包括微博、订阅号、服务号、社区论坛，总部社交平台之间的关系很密切，其中微博的作用是开拓受众，导流微信号；订阅号的作用是传播沟通，导流到社区论坛；服务号是个人社交资产的兑现查阅入口；社区论坛的作用是最终导流地、粉丝孵化器，个人虚拟资产浏览或者兑换转化导流到服务号。

总部与代理商之间的关系是，总部发起整体的品牌营销活动，代理商负责执行并最终实现品牌传播战略的分解落实和到达用户。需要注意一点，在传播上，总部和代理商要保持一致的内容格调、和谐的频率节奏。各地的代理商都可以借助热点策划内容独特的活动，@（点击总部的名字）总部并转发，进一步扩大传播范围和传播层级。

代理商也要有自己的订阅号、服务号、微博的社交矩阵。代理商各社交平台也有明确的定位：微博的主要作用是品牌传播跟进、吸引目标用户；订阅号的作用是吸粉入口、执行落地与本地化；服务号的主要作用是在线销售虚拟产品；社区的作用是本地化内容沉降与互动；其他社交平台的作用是导流到公众号或微博，如开展本地同城会就可以为其微博、公众号从线下导流到线上。

各终端都需要积极地利用社交网络，尤其要建立拟人化的微信小号（如公司小号、员工小号，关于公司小号、员工小号将在第 5 章予以详细介绍），在微信朋友圈、群里开展活动。活动的内容可以融合产品认识、品牌沟通、粉丝自发兴趣等多维度。无论怎么做，一定要重视本地化，努力创造企业与用户的见面机会，达到为线下导流的目的。

手机品牌 vivo 正在尝试在导购层采用社交矩阵形式，使导购也可以利用社交网络与消费者互动，甚至通过个人社交关系开展全民营销。

定制类 O2O 模式

众所周知，用户的个性化需求越来越强烈。用户买衣服不再追求名牌，而是追求个性，担心撞衫，这正是用户个性化需求的体现。定制类 O2O 模式的核心是个性化定制。定制类 O2O 模式服务的对象是那些追求生活品质的高端用户、品牌的忠实拥护者。定制类 O2O 对于用户的价值，就是能够极大地满足他们的个性化需求；对于企业的价值，就是能够提升服务效率、提高服务转化率。

定制类 O2O 的模式主要有 3 种，即"预售 + 团购"、私人订制、众包定制。

预售 + 团购

重复消费的行业可采用"预售 + 团购"为自己创造持续的商机。比如美容、理发、洗衣、汽车修理等商家，可以采用"预售 + 团购"来为线下的店铺导流。在美团、大众点评上发布"预售 + 团购"的促销活动，**在线上聚集流量，为线下店铺导入流量。**以理发为例，尤其是男士，几乎每月都需要理发，更愿意购买月卡、年卡，这些月卡、年卡就是"预售 + 团购"的模式。用户之所以愿意提前数月把钱支付给商家，因为这样可以获得很大优惠。比如，有些重复消费行业，有明显的淡季、旺季之分，就可以采用"预售 + 团购"为淡季导入订单。还有一些资金紧张的商家，也可以采用预售 + 团购的模式，来缓解资金压力，如各种各样的商品众筹。

"预售 + 团购"要想快速吸引用户，使用户在看不到商品的情况下，愿意为你掏钱，就需要想方设法地为用户制造惊喜。只有极致的客户体验才能让用户感到惊喜。为此，企业采用"预售 + 团购"的形式关键是要打造极致的客户体验。比如，淘宝某儿童袜子卖家开展"买十送二"活动、某儿童用品卖家推出"买两个帽子赠送一个"的活动，无不令用户感到惊喜。然而，并不是卖家提前说买两个帽子送你一个帽子，而是收到货，用户打开包裹发现多了一个帽子，没有哪个用户看到这样的结果不惊喜的。于是，这些用户就会不由自主地向身边的同事、朋友、街坊邻居分享自己的开心购物经历，从而为商家传播了好口碑。不仅该用户以后会重复购买，听到的人也有可能前来购买。

很多果农现在喜欢采用"预售 + 团购"的方式，这有利于形成口碑影响力，可以为自己的水果导入流量，也就是吸引大水果销售商、超市前来采购。

在冬枣成熟的季节，被誉为"百果之王"的冬枣，香脆口渴，尤其是新鲜的冬枣更是香甜，想吃到新鲜的冬枣成为了很多爱吃冬枣的人梦寐以求的事情。果农为了满足用户的这一需求，就采用"预售 + 团购"的形式，为用户邮寄刚从树上摘下的冬枣，并采用精美的包装。用户吃到了新鲜的冬枣，就会大赞商家的冬枣味道鲜美，从而形成口碑影响力，为果农聚集到越来越多的买家，甚至水果经销商。

由此可见，企业采用"预售 + 团购"，需要抓住两个要素，**一要有大幅的优惠幅度，二要带给用户极致的客户体验，这样方可为线下导入流量。**

私人定制

随着消费者需求日趋个性化，"私人定制"早已形成一种时尚。越来越多的商界人士认为，O2O 应该来点私人定制，更有甚者认为，O2O 应该专注私人定制。可见，O2O 模式与私人定制有一定的关联。

正是越来越多的用户个性化需求的爆发，才使 O2O 市场得到了不断升温。私人定制，顾名思义就是一对一的个性化定制体验。私人定制是一项纯个性的服务，其特点就是可以保证被服务者体验到之前从没体验过的经历和感受，这也就是其有价值的地方。它的意义是能给用户带来快乐。那么私人定制与 O2O 有什么关系？私人定制通过一对一地为用户提供定制体验，能促进企业与用户互动，从而形成了庞大的社交传播和转化的一种 O2O 模式。私人定制在服务行业、服装行业应用比较广泛。**企业推出的私人定制产品、服务，要让用户感受到这是为他自己量身打造的，让他获得独一无二的定制体验。**

私人定制在发展中遇到的一个不可回避的问题，即受众群体少，受众的面比较窄。企业之所以还要做私人定制服务，在于这些受众群体对企业很有吸引力，往往是生活品质较高、购买能力强、社交影响力大的群体。这样企业就可以通过这一部分人获得可观的流量以及口碑传播。

尚品宅配为用户提供集云计算、个性化定制、免费设计等服务，成为了业界学习的楷模，其个性化定制已经成为行业的标杆，用户想装饰自己的家，尚品宅配就会派专业的设计师上门测量，并设计一套符合用户住宅格局的家居摆设方案，让用户获得个性化的家居设计体验。私人定制通过网上接订单，由线下的门店提供体验、制作产品、配送产品。显而易见，这是一种探索 O2O 模式的不错的办法。

众包定制

众包定制就是通过社会化众包来实现大规模定制的方式。众包定制首先需要一个能够快速响应用户个性化需求的平台，并且这个平台能够通过社会化众包的形式来完成生产和配送。众包定制的本质是共享经济，将需求共享出去，通过众包来实现。平台的主要作用就是调度。众包定制适用于美食、快捷服务等小而美的领域。

相信很多上班族都有过叫外卖的经历，外卖市场的需求很旺盛，于是有些创业者就专门做起了快速食品外卖服务。Spoonrocket 就是一家主要做价格低廉的快速食品外卖服务的企业，每份外卖售价 8 美元，承诺在 15 分钟内送到买家手中。要在这么短的时间内把食物送到买家手中很有难度。试想一下，厨师做一碗饭也需要一些时间，但是，Spoonrocket 送外卖的速度就能做到如此之快。

Spoonrocket 团队抓住了两个关键要素，即物流、即时仓储。Spoonrocket 每天做的菜的种类很有限，分批量制作，把做好的菜放在高级的保温箱中，并放置在餐车中。这些送餐车整天在城市的大街小巷中行驶。如果有用户叫外卖，Spoonrocket 团队就会联系离用户最近的送餐车进行配送，从而大幅缩短了配送外卖的时间。

众包定制很关键的一环就是物流。为此，企业从事外包定制一定要找到物流的解决方案，要有超强的物流调度能力。

第四章

O2O 的十大业务支撑

企业要设计自己的 O2O 模式，仅仅通过模仿已有的 O2O 模式和形式远远不够，还需要结合自己的品牌定位、用户定位，重新定义 O2O 项目的客户价值主张。**重新定义客户价值主张，其实就是指洞察客户需求和客户价值，以客户需求、差异化、识别、情感等为中心进行创新定义。**

企业 O2O 项目，要实现线上与线下的融合，乃至全渠道的融合，不是一件简单的事情。O2O 的创业者大片倒下，无不说明 O2O 落地是一场攻坚战，不是一朝一夕能够做成功的、不是谁凭空就能实现的。O2O 线上与线下融合，需要有强大的业务支撑，其中有 10 个必不可少的业务支撑，分别是粉丝、标签、优惠券二维码、好口碑、支付手段、凭证、账户、虚拟币和设备。企业只有具备这十大业务支撑，方可让自己的 O2O 模式顺利落地。

粉丝：企业生存的根本

这个时代，影视明星没有粉丝，就会人气大跌；企业没有粉丝，就严重落伍了。苹果凭借果粉成为了全世界手机的王者，小米手机因米粉的拥戴，快速晋升为中国手机品牌的领导者，这些无不有力地证明粉丝就是企业的生存之本。

企业发展与粉丝密切关联。企业落实 O2O，促进企业向"互联网 +"升级与转型，就是为了促进企业健康发展，这个过程同样离不开粉丝的支持。但是，O2O 模式中的粉丝与互联网时代的粉丝不是一回事，O2O 模式中的粉丝不仅包括粉丝，还包括 App 用户。在互联网时代，粉丝就是支持者。例如，花粉就是指华为品牌的支持者，冰棒就是指范冰冰的支持者。在 O2O 实践过程中，传统企业的 O2O 侧重的是利用社交和移动互联网的能力来改造线下的业务。因此，O2O 的目标群体不再是线下传统的消费者，而是以社交 ID 为代表的粉丝和移动互联网的 App 用户，我们统称它们为粉丝，来体现他们在社交媒体和移动互联网中的重要位置，所以，O2O 的目标群体不再是线下的传统客户。

为了进一步理解 O2O 模式中的粉丝，我们通过其特点和核心来重新定义粉丝。粉丝，主要突出社交和移动互联"Social(社交媒体)"的特点，粉丝的核心是拥有一个唯一社交 ID(账号 ）或者移动 App 的用户 ID。我们在这里不称用户或者消费者而称粉丝，目的是希望企业重视社交媒体和移动互联网中产生社会资本和关系网络价值的品牌粉丝，而不仅是线上（电子商务 ）和线下交易的客户。粉丝与客户有很多不同之处。不是简单地给消费者增加一个社交渠道就能把消费者变成粉丝。

粉丝与客户有 4 个的本质区别，**即行为特征、身份识别、主导权、数据模型**。比如在主导权方面，就线下的传统业务乃至传统电子商务而言，主导权仍然属于品牌企业，主题是内容和订单，消费者排在内容和订单后面，企业更关心的是有多少订单、多少品类。其主要原因是电子商务时代，企业只关注内容、订单和转化率。进入移动互联网和社交媒体时代，情况发生了巨大改变，粉丝拥有了主导权。只要我们仔细观察，就会发现移动互联网和社交媒体的主体变成了个人。社交的主体显然是个人，移动的主体无疑是智能手机，而每一台智能手机的背后都有一个鲜活的个人，并且他们可以利用智能手机在社交媒体上随时随地发表言论。企业要想让这些人在社交媒体上谈论自己，就要想方设法把这些人发展成为自己的粉丝。俗话说，得民心者，得天下。在粉丝时代，得粉丝者，便能得天下。所以，企业实践 O2O，要重视粉丝，要把粉丝视为企业的根本。

粉丝偏重社交关系，消费者和客户偏重交易关系，两者侧重点不同，需要不断融合。我们通常需要通过大会员来实现两者在 O2O 中的互相融合。这里的大会员，指在全渠道的背景下，粉丝或客户消费金额达到一定级别，或者参加了某品牌的会员注册等活动，就属于某品牌的大会员了。O2O 平台中会员系统的主体对象就是品牌的会员，它的主要价值就是融合线上和线下会员，并提高他们的活跃度和忠诚度。

粉丝与客户的运营策略也不同。在传统的客户关系管理系统中，客户运营策略是由消费者到客户再到会员。消费者先了解品牌，接着认可品牌并消费便成为了品牌的客户，然后成为会员从而不断地为品牌创造价值。在社交客户关系管理中，粉丝运营策略是从个人开始，再到粉丝，再到客户，最后到会员。粉丝的运营通过 3 个阶段来达成。

第一阶段，社交互动。它以社交媒体的互动为基础，建立品牌与社交化的"人"（即社交媒体上的用户）的交互和连接。

第二阶段，粉丝社区。它以连接和互动培养粉丝为基础，积极引导粉丝参与活动和为品牌代言，目的是为了形成有身份归属和品牌认同的粉丝群体。

第三阶段，O2O 转化。 它以粉丝活动和客户体验为核心来设计场景，转化交易价值和关系网络价值，从而实现 O2O 转化。

需要注意一点：如果企业把客户和粉丝都归入到会员里面，其在大会员运营策略方面是统一的。

现在广为人知的粉丝有果粉、米粉、寒丝、四迷、玉米、蜂蜜，等等，不胜枚举。最能体现粉丝是企业生存之本的企业就是小米。小米手机在米粉的支持下，取得了惊人的粉丝营销效果。小米的创始人追求极致的用户体验，满足用户对高性比价智能手机的需求，同时满足了用户对手机的"低价、高配"需求；并通过米柚、米聊与米粉随时互动，从而和米粉成为了好朋友。已经购买小米手机的米粉在论坛分享使用经验，直接带动其他米粉到小米商城购买小米手机产品以及手机配件。小米与粉丝一起组织同城会、爆米花等活动，为品牌吸引来了更多粉丝，进一步推广了品牌。于是，每当小米手机发布、预售之时，线下、线上的米粉就会蜂拥而至来到发布会现场或者是小米商城给小米捧场。小米手机销量在国内长期占据第一（2015 年"双"11"小米手机销量第一），就是小米企业成功运用米粉的力量的结果，也是米粉坚持不懈地拥护小米品牌的结果。

标签：让用户快速找到你

在淘宝上，热销的产品往往有成千上万条评价，要想找到自己需要的东西还真不容易。值得庆幸的是，现在的商品大多都有标签。众所周知，儿童类商品品类很多，用户不知具体的商品名查找起来就很困难。值得欣喜的是，电商平台开始对商品贴标签了，让用户可以快速找到自己感兴趣或需要的商品。比如在淘宝上搜索儿童玩具，系统就会给出多个标签，如 1～2 岁、2～3 岁、男孩、电动、益智、积木搭拼等；再如，在淘宝上搜索女装，系统就会显示多个标签，年龄方面就有年轻、中年，身份方面就有学生装、工作装、老板装等，款式有短款、中长款、长款等。显而易见，我们有了这些标签，就能在海量的产品中快速找到满意的商品。同样的道理，如果品牌有自己的标签，就能让用户在网上快速地找到你。

众所周知，在传统的业务中，品牌通过在线下采集各种字段的信息来识别和标识客户，在如今的社交媒体和移动互联网时代，品牌则通过标签来对个人进行标识和差异化的（区别）。只要我们细心观察就会发现，在移动社交时代，标签已经随处可见。标签实用性很强，我们一定要打造自己的标签，以便让用户在"茫茫人海"中一眼认出你。我们需要弄明白标签的定义、应用价值、运营策略。

标签可理解为事物的特征或者属性、标识。标签是移动社交时代标识和识别人的主要手段。标签的主要作用是查找、分类、定位社交网络上的"人"。

在 O2O 体系中，主体对象是人，所以我们对人进行标识和识别非常重要，即给人贴上标签非常关键。在 O2O 场景中，我们拿什么来区别不同的人，靠什么为用户提供个性化的服务、体验？这就离不开标签的应用。我们不仅要对粉丝（或用户）进行分类，还要对 O2O 的场景进行标识，这往往会产生大量的标签。比如，一个简单的扫码动作，就可以产生很多数据，也可以产生数个标签：扫码活动的主题，扫码的时间，扫码的地点，扫码使用的终端（使用的是微信还是其他扫码工具），扫码之后是否参加后续活动、是否购买。我们可以把这些数据转化为令人关注的标签，用来识别粉丝（或用户）在 O2O 场景中的行为特征。

O2O 中标签的应用价值，需要通过标签的应用场景来体现。标签的应用场景以人为核心，并涉及粉丝、账户和 O2O 对象（对象指用户的动作或者场景对应的事情，可能是人，也可能是渠道、产品、礼券、二维码等）、特征、主题、圈子。标签具体的应用场景如图 4-1 所示。

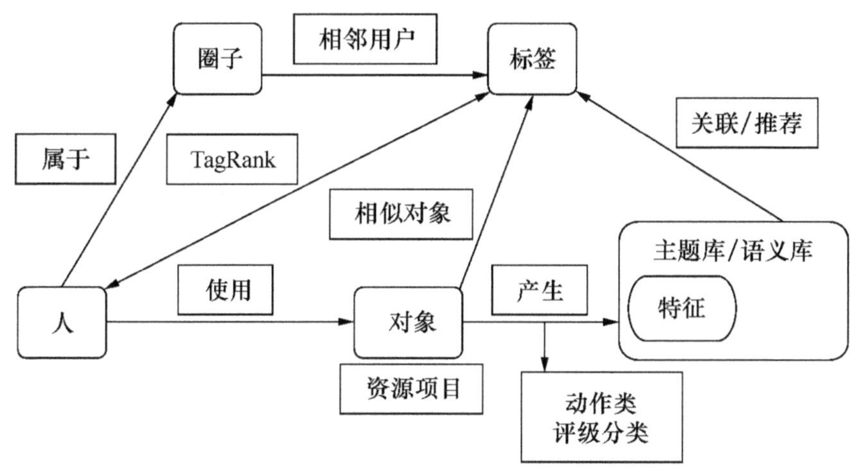

图 4-1　标签的应用场景

为了更直观地说明标签的应用价值，我们举一个具体的场景来加以说明。

天美意天猫官方旗舰店的会员甲，其账户的属性就有：性别女、年龄 25 岁、住址枣园东里等。在购物的场景中，对象有"天猫"这个渠道、"支付宝"这个动作。针对会员甲在"天猫"这个对象上，有"频繁使用天猫"的特征，在"支付宝"这个对象上，有"初次使用"的特征，甲在使用完支付宝之后，对支付宝做了一个 10 分的满分满意评级。这样在主题库中就增加了"频繁使用天猫""初次使用""10 分的满分满意评级"等特征。基于上述特征就能给会员甲挂一个牌子、总结出一个标签——重度天猫用户。同时看会员甲所在的 QQ 空间群，其同一个活动圈中的相邻用户是否有类似的特征标签，通过相邻用户的关联预测其他特征，形成用户兴趣模型，从而进行个性化推荐。

从这个例子中，我们可以发现，标签的应用价值是可以实现对人的标识和差异化，以这些标识为基础，还可以对人分组、进行个性化推荐，从而获得更大、更精准的转化价值。

我们还需要掌握标签的运营策略。标签的运营指在运营一个会员的过程中，采集标签、形成标签、应用标签的过程。

为了深刻地理解标签的运营策略，我们来比较一下标签的运营过程与大会员的运营过程，如图 4-2 所示。

标签的运营过程

采集人的特征数据→清理标签数据→对标签数据查重/合并标签→设置标签的权重→将标签关联对应的对象→分析相似圈子用户的标签关系→建立用户的标签模型→建立和验证标签的推荐算法→基于推荐算法推荐结果。其中，个性化推荐需要基于用户和标签数据，利用组合推荐、内容推荐、协同过滤推荐、关联规则等各种算法来实现

大会员的运营过程

采集会员数据→整合数据→构建用户画像（会员兴趣模型）→细分会员圈子→个性化推荐和智能推荐预测→执行会员运营动作：精准营销、个性化推荐

图 4-2　标签运营过程与大会员运营过程

通过比较，我们可以发现，当 O2O 进入大会员运营阶段，标签运营就成为了一项核心的基础工作。

优惠券：抓住用户贪便宜的心理

物美超市喜迎中秋节，在 2015 年农历 8 月 14 ～ 16 日推出了满 300 元赠送 100 元电子优惠券的活动，许多消费者看了之后怦然心动。活动第一天，消费者赵先生就到物美超市一次性消费了 325 元，果然获得了 100 元的电子优惠券，犹如白捡了 100 元的现金，心里的喜悦难以言表。不仅赵先生喜欢优惠券，很多人都喜欢优惠券，因为它能节省消费者口袋里的银子，让消费者真正得到实惠、捡到便宜。优惠券总能让人们乖乖去掏钱包消费，归根结底，它抓住了用户贪便宜的心理。

在 O2O 模式中，优惠券也是一种重要的营销手段。传统业务营销活动中经常会用到电子优惠券，其实它也是 O2O 活动场景中经常应用的媒介。其中电子优惠券既可以承载各种产品、服务、活动信息，又可以通过人的社交关系传播 C2C（个人与个人之间的电子商务）。为了应用优惠券促进 O2O 落地，我们必须清楚优惠券的定义、营运价值、运营策略。

优惠券是 O2O 体系中重要的一环，使持券人在购物或进行其他商业活动时可以获得某种特殊权利。优惠券的形式有两种，即实物券和电子券。O2O 体系中的优惠券往往是电子优惠券。优惠券的类型主要有 6 种，即现金券、换购券、折扣券、礼品券、体验券、特价券。企业结合产品特点、营销目标、促销活动，选择某一类型或者组合运用即可。企业的优惠券不允许兑现现金，并要求一次用完，还规定了使用期限。

优惠券的特点使它很适合 O2O 体系。其形式与 O2O 匹配，它可数字化、可识别、可交易、可传播、可跟踪；其功能与 O2O 匹配，它可以实现传播数字化、营销数字化、促销数字化；其形态与 O2O 匹配，它是无实物的、无形的、无物流库存的，并可代表权益。

优惠券的应用价值体现在众多的应用场景中。

第一，企业利用"微信服务号 + 优惠券 App 功能" 可实现丰富的优惠券功能（如店铺优惠券、商品优惠券、满就送等）

微信公众号的粉丝互动和粉丝关注可形成高质量、高活跃度的粉丝群体，并且是到达率最高的沟通渠道。因此，以微信公众号为基础的优惠券可以创建出高质量、高活跃度的促销体系，并可以根据不同的粉丝分组推出不同的优惠券，为企业进一步做个性化营销打下了坚实的基础。

第二，设计优惠券的二次营销策略

大家熟悉的微信红包明显地激发出了优惠券的线上线下领用和争抢的动作，最后通过终端核销，形成了优惠券的闭环。在传播红包的过程中，参与者都会熟悉优惠信息，并可以进行二次营销，最终能达到精准沟通并扩大营销机会的目的。

第三，深度融合优惠券与 O2O 场景

在 O2O 场景中，用电子优惠券连接线上线下，促使消费者参与营销，把消费者最喜爱的优惠数字化（电子化）和游戏化，从而影响并推动消费者行为，可培养用户"边玩、边买"的移动购物习惯。比如，线下门店通过电子优惠券从线上向线下引流，线下门店就可以推出扫码抢优惠券的活动，或者微信签到抢优惠券的活动，实现优惠数字化。

第四，创建拥有多种促销功能的优惠券移动终端

企业需要以线下终端消费者的需求为中心，同时授权终端店长或者导购开展优惠券促销活动，并利用优惠券移动终端洞察消费者的个性化需求，设计个性化的电子优惠券，最终提供更好的用户体验，达到大幅提升品牌会员服务体系价值的目的。

从以上应用场景中，我们不难发现，电子优惠券对企业而言价值巨大：**收**

集消费者的个人信息、地址、交易信息，刺激客户消费，吸引新客户，可以把线上的潜在消费者导流到附近的实体店，使潜在消费者成功转化为现实消费者。

优惠券运营策略包括优惠券设计和优惠券推广，优惠券的设计并不难，优惠券的推广才是企业要重点做的。这里我们就阐述 4 种主要的优惠券的推广策略：第一种，线下现场促销推广；第二种，传统媒体宣传推广；第三种，社交平台应用推广；第四种，社交媒体和社交关系推广。随着全渠道的推广，优惠券将会成为企业一个常用的促销工具，这也意味着优惠券会逐渐发展成为传统企业的 O2O 成熟形式。

优惠券迎合了用户贪便宜的心理，总能吸引到用户，成为了企业吸引用户、导流的法宝。

二维码：扫一扫"码"上有礼

扫扫二维码，关注微信，免费赠送"一瓶康师傅绿茶"；扫扫二维码，关注微信，免费领取"驴妈妈旅游电子券 25 元"；扫扫二维码，关注微信，免费领取"婴儿学饮杯"，等等。各种各样的二维码扫码有礼活动，令人目不暇接。也许大家扫码扫累了，会思考为什么处心积虑谋取利润的商家会变得如此慷慨大方，只要用户动动手指就赠送用户礼物。原来二维码蕴藏着商家不可告人的巨大秘密，二维码是企业进军 O2O 的突破口，是品牌连接用户的媒介，是企业融合线上线下业务的利器。

二维码之所以受到越来越多的企业青睐，是因为它是企业 O2O 活动的一个重要入口。从宏观上讲，O2O 只有一个入口，就是人；从微观上讲，O2O 有许多个入口，重要的有二维码、支付入口、地图导航入口、搜索、免费 Wi-Fi 等，其中二维码是 O2O 活动最直接的入口，几乎所有的 O2O 场景都需要二维码。大型商场在大门口、电梯入口附近都会放置 O2O 活动的二维码，并设置奖品，吸引消费者扫码。消费者扫完码，就可以连接到企业 O2O 活动的页面，这样企业就可以把自己的营销活动推送给更多的消费者，所以说，二维码是企业最直接的入口。比如，企业为会员设置了满 300 元赠送 100 元电子券的活动，在线下的实体店门口放置了该活动的海报，并在上面印有活动的二维码，消费者扫码之后，就可以立即登录活动页面，了解活动详情。

随着微信的不断普及，二维码得到了快速发展，其价值也越来越大。二维码可以扫码解码，可以识别会员、获取权益，可以识别线下产品信息，可以识别员工，可以导流线上、线下活动，可以采集线下数据等。很多企业常常利用二维码的这些功能推出"扫扫二维码，'码'上有礼"的活动，往往能吸引很多用户关注企业。

有了微信，我们逐渐习惯用微信探索二维码背后的秘密。商家更是把各种各样的产品信息、活动信息载入二维码中，并设置奖品来吸引消费者。我曾碰上这么一个"'扫一扫'二维码参与'码上有礼'"的神秘活动，让人怦然心动。

在通江路一带，有一个"扫一扫，'码'上有礼"的广告，画着幽默诙谐的憨豆先生图像，旁边写着"码上有 50 万红包，扫一扫，金马挂件、iPad Air、超市购物卡、手机充值卡……让你拿到手抽筋"，并有醒目的二维码图。我看后，有些好奇就掏出手机扫了该二维码，马上收到一条短信"码上有礼，50 万红包等你抢！"我加了微信号，接着按照微信的提示"回复'码上有礼＋姓名＋手机号码'"进行操作。结果果然有惊喜，我获得了 10 元手机充值卡。

此次扫扫二维码，我虽然没有获得大奖"50 万红包"，但也小有收获，毕竟还获得了 10 元手机充值卡。试想一下，你看到这么丰厚的扫码奖品，能不心动吗？恐怕很多人会和我一样好奇，决定先扫扫二维码，期待一场意外的惊喜。正是抓住了用户这样的心理，越来越多的商家设计了"扫扫二维码，'码'上有礼"的活动，总能吸引到许多用户毫不犹豫地拿起手机扫码，并参与"码"上有礼活动。

如今二维码无处不在，商家在海报、微信、产品包装等地方都会附上二维码，利用一切可利用的空间，推广企业的二维码，目的只有一个，就是让品牌与更多的用户建立连接。为此，企业纷纷推出"'码'上有礼"活动，礼遇用户，总能获得很好的营销效果。

好口碑：金杯银杯不如口碑

俗话说，金杯银杯不如口碑。这是一句真理，适用于任何事情。企业做 O2O 业务，同样离不开口碑，而且做 O2O 首要的事就是把好服务变成口碑，把渠道变成口碑。传统企业 O2O 大势所趋，能不能成功，就看你的服务能不能赢得好口碑。

好口碑能够让你的品牌得到广泛传播，为你带来源源不断的流量。O2O 场景体现了两个重要价值：**一是交易价值，二是社会关系价值**。而口碑就是社会关系价值的重要体现。品牌如果能通过粉丝的口碑得以传播和分享，就可以极大地提升其 O2O 社会关系价值。

口碑是 O2O 关系闭环的最后一环，其对 O2O 的重要性不言而喻。为了让好口碑有力地支撑企业的 O2O 业务，我们需要熟练掌握口碑的应用价值、运营策略。

我们先看一个 O2O 企业的口碑营销案例，大众点评是典型的 O2O 企业，基于 LBS 的口碑营销让它与口碑网并驾齐驱。自从大众点评与微信合作之后，便一举成为了基于 LBS 的口碑营销的领导者。众所周知，微信平台是一个流量聚集的平台，无法实现流量变现，而大众点评是一个流量变现平台。两者的结合，有效地提升了大众点评平台上商家将用户流量变现的能力。

大众点评基于 LBS 口碑营销的 O2O 场景是这样的。

A 消费者在某饭店吃了一桌饭，受到商家的鼓励便把该饭店的菜谱、餐馆照片和用餐体验分享到了微信朋友圈，并添加了 LBS 地址，此 LBS 地址是由大众点评提供的，消费者只要选择即可。接下来，A 消费者微信朋友圈的好友 C 看到了这条信息，对这个饭店很感兴趣，便打开了 LBS 地址，立即进入了该饭店的大众点评页面，详细地了解该饭店的菜谱、价格、用户点评口碑、促销、团购等信息。用户 C 看了大众点评的页面和评论，随即用微信询问好友 A 这家饭店的实际情况，在 A 的推荐下，C 毫不犹豫地参加了大众点评的团购、预约活动，并完成了支付。这时候，微信朋友圈的口碑把微信上的流量直接转换成了大众点评的订单，即达到了口碑转化的目的。

若再能结合激励机制（即商家给推荐的消费者和接受推荐的用户一定奖励，如优惠券），就能进一步提高消费者的点评、推荐积极性。用户在微信朋友圈发送 LBS 地址连接的时候，增加当前用户的动态参数，那么，用户在微信朋友圈转发点评商家的 LBS 地址连接就会显示其微信 ID，该用户的微信朋友圈好友，只要打开此 LBS 地址连接并在大众点评上下单团购或预约，都可以统计到该用户的微信 ID 下。这就方便大众点评给予该用户积分和返点的奖励，还可以考虑对其微信好友下单时给予优惠券或者积分的奖励。这样既可以鼓励微信用户分享大众点评商家的口碑，又可以吸引其微信朋友圈的好友到大众点评上下订单。

可见，口碑营销的威力很大。难怪所有的商家都说"金杯银杯不如口碑"，因为好口碑能够为企业带来源源不断的订单，是企业成长为百年老字号企业的法宝。大众点评与微信合作，就体现了强关系口碑推荐的应用价值、口碑激励机制的运营策略。

随着社交媒体的蓬勃发展，消费者的口碑比明星代言更奏效。因为潜在的消费者真正关心的是你产品的价值，比如你的产品能帮助他们解决什么样的问题，使用过程中体验好不好。所以说，品牌好不好，不是你说了算，也不是明星说了算，而是消费者说了算。消费者的好评、好口碑才是关键，才是最好的营销工具。

支付手段：支付便捷更受用户欢迎

支付行业的领导者支付宝为践行"支付，是件容易的事"的目标，推出快捷支付功能，为用户提供了一种安全、快捷的支付方式，受到了用户的热烈欢迎。尤其是移动支付手段支付包（即支付钱包）、微信支付、百付宝（即百度钱包）的出现，让人们的支付更加便捷。移动支付手段对顺利完成 O2O 闭环具有推波助澜的作用，也是时下最流行、最便捷、最受欢迎的支付手段。移动支付是电子支付的一种类型。电子支付的类型按照电子支付指令发起的方式可划分为 6 类：网上支付、电话支付、移动支付、销售终端支付、自动柜员机交易、其他电子支付，如图 4-3 所示。

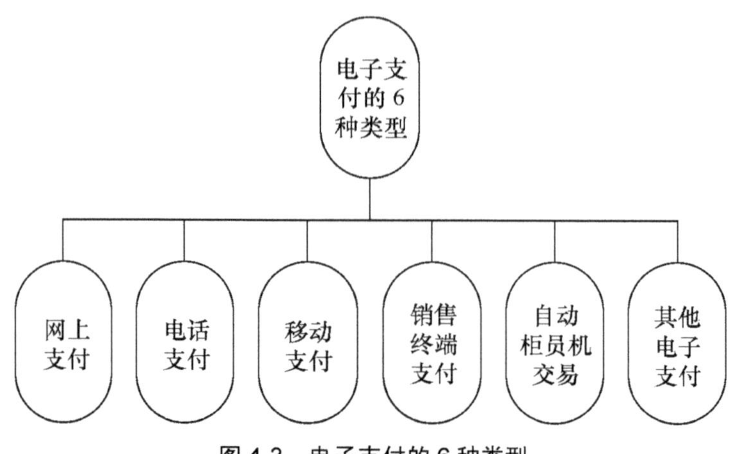

图 4-3　电子支付的 6 种类型

移动支付不仅具有电子支付方便、快速的特点，还具有随时随地支付的优点。比如上年纪的父母告诉你，家里没电了，你在公交车上利用手机就可以在分秒之内完成购电的事情。移动支付的便捷性，令人对其爱不释手。

智能手机的用户数量迅猛增长，让根植于智能手机的移动支付借着智能手机增长的"东风"，快速地火了起来。移动支付是第三方电子支付中最具有活力的一种，更是 O2O 的核心所在。一旦没有在线支付功能，O2O 的线上只能为他人做嫁衣裳。

支付对 O2O 至关重要，毫不夸张地说，缺少支付，以交易价值转化为主的 O2O 场景就无法实现闭环。所以，我们一定要重视 O2O 模式中的支付环节，并应用好支付手段。

提起支付，大家都不陌生，只要我们购物、缴费，都会涉及到支付环节。支付，简言之，就是对消费的商品或服务进行付款，或者资金转移的行为。在线上线下融合的 O2O 模式中，我们需要把支付的环节放在线上进行，也就是要为自己的业务提供在线支付方式，并努力引导用户在线完成对商品或服务的支付。因为这样能让用户支付更加便捷。随着 O2O 的再次受到重视，互联网巨头纷纷加大力度进军 O2O 市场。腾讯紧锣密鼓地拓展 O2O 业务，之前其微信支付已经与红旗连锁达成协议；2015 年 10 月下旬，其 QQ 钱包又与红旗展开了合作。

2015 年 10 月 21 日，腾讯 QQ 钱包与红旗连锁携手，并宣布即日起，用户可以用 QQ 钱包支付红旗连锁超市的产品。为了鼓励用户使用 QQ 钱包，在 10 月 21 日至 25 日期间，两者联手推出了"满 12 减 10"的优惠活动。

其实早在 2015 年 6 月，红旗连锁超市就开通了微信支付，此次又开通了 QQ 钱包，立即引起了媒体界人士的关注。红旗连锁超市的总经理曹世如表示，微信支付与 QQ 钱包的用户数量虽然很大，但是两者在移动支付方式上的重合度不高（也就是说，使用微信支付的用户往往不喜欢使用 QQ 钱包，使用 QQ 钱包的用户往往不喜欢使用微信支付）。红旗连锁超市开通 QQ 钱包支付，就是为了带给更多用户支付便捷，尤其是为不习惯使用微信支付的用户提供便捷支付服务。她还进一步表示，红旗连锁与腾讯在线上线下各有各的资源优势，双方深度合作，将会为消费者带来更加便捷、更加实惠的用户体验。

腾讯 QQ 钱包与红旗连锁此举显示了腾讯对 O2O 市场的野心和红旗连锁探索"互联网 + O2O"模式的决心，二者殊途同归，都是为了带给用户更便捷的支付服务，都是为了赢得用户的芳心。毋庸置疑，腾讯与红旗连锁此举将会吸引更多用户到红旗连锁超市使用 QQ 钱包消费。用户获得更便捷的用户体验后，就不会不欢迎腾讯 QQ 钱包和红旗连锁。

支付工具不仅为用户提供购物支付服务，还为用户提供生活缴费支付服务，甚至"公交卡移动充值"支付服务。纵观支付宝、微信支付、QQ 钱包等支付手段，不仅免去了用户携带现金的风险，还为用户的支付带来了前所未有的便捷，因此受到了越来越多的用户的欢迎。相信，手机变成支付钱包指日可待。

凭证：用户个人财富的安全保证

我们在超市购物，购物小票就是凭证；我们购买房子，用 ATM 机器为开发商转账，银联 POS 机的小票，就是凭证，拿着这个凭证就可以找开放商的会计开发票；我们用支付宝转账，好像没有凭证，但实际上也有凭证，只是这个凭证是电子凭证，你没有注意到它罢了，其实，订单号和交易记录就是凭证。总之，只要有支付成功的行为，就会产生凭证。在 O2O 支付环节中，只要支付完成，都会有凭证。也就是说，凭证是支付结果的证明。凭证是一个 O2O 支付闭环的结束，也可以是另一个支付场景的开始。

凭证有两层含义：**第一层具有证书的含义，第二层具有记账的含义。** 不管纸质凭证还是电子凭证都需要一个载体，它的载体可以是二维码、特定格式的 HTML 页面、收银机打印的小票、某个电子凭证等，但是这个载体必须可以识别、记录、跟踪、管理，这也是凭证的基本功能。凭证对于企业实践 O2O 具有重要价值，主要体现在以下 3 个方面。

第一，线上交易支付

众所周知，线下业务的支付体系比较成熟，所以，我们要利用凭证为线上和社交媒体上的交易、交换、服务提供电子凭证。常见的凭证形式是二维码、串码、特定页面等。

第二，跟踪和管理

凭证具有识别的功能，可识别其标识的业务身份或者能力；然后可以跟踪，相当于把商务数字化之后形成凭证，再利用凭证跟踪；同时还可以在凭证的基础上管理凭证关联的数据和业务。

第三，支付记账

在 O2O 的支付环节，尤其是网络支付或者移动支付的始末，要在企业的数据体系内生成支付凭证，并备案交易，决不能完全依靠支付平台的数据闭环，以免被支付平台牵着鼻子走。这个凭证就是企业全渠道订单管理系统的凭证，甚至是企业的记账凭证。

很多企业往往忽视了交易凭证，这样一来一旦出现纠纷，问题就会接踵而至。所以，企业一定要有凭证意识，一定要存储每次支付的凭证。O2O 模式中，所有的凭证都要求被电子化，即使企业想存储纸质凭证，也只能根据电子凭证打印生成。所以，企业需要尽快升级自己所有的交易系统或者订单管理，使线下交易、线上交易、移动交易都实现凭证电子化。

凭证除了要电子化，还要实现社交化、数据化、合规化。凭证社交化，就是要捆绑或者识别目标对象的社交账号。比如用户利用微信成功支付打车费，就会显示用户的微信社交账号，企业就可以通过社交 ID 识别人和采集信息，并可以把社交关系视为凭证的一部分内容。社交凭证，指社交媒体上的交易和服务的电子凭证。

众所周知，无论是电子化凭证还是社交化凭证，都会产生海量的数据。这些数据不能随便丢弃，而是要存储在企业的系统中，用来查询、审计、跟踪，并方便企业生成统计报表。

由于 O2O 的过程往往需要在线上、线下和移动渠道之间相互切换，特别要求在电子化、数据化的基础上实现合规化，即能够按照合规和审计的要求记录和核查数据，尤其要记录好日期、金额、业务来源、业务明细、社交 ID 等关键业务数据，并严格管理数据权限。

总之，凭证对于企业的 O2O 业务至关重要。社交凭证具有可识别、跟踪、管理以及基于此可实现反向退换货的应用价值，被视为了企业 O2O 模式中的重要凭证。此外，随着移动互联网、社交媒体的发展，智能手机的不断普及，电子购物、互联网支付体验的趋于大众化，二维码电子凭证作为入口，未来将改变我国国民的消费体验习惯，乃至电子商务格局。

账户：有账户才能支付

国家级的资格考试中，考试中心只开通网上收费渠道，考生要支付考试费，只能在网上缴费。这时候必须要有银行账户，才能在网上完成考试费用的支付；我们要想在购票网站购买火车票，至少要有两个账户，一是火车票网的用户账户，二是银行账户，方可在购票网站成功购票。我们在聚划算购买了一台电脑，想利用支付宝支付，就需要有支付宝账户；我们在京东购买了一台手机，想用微信支付，就需要拥有微信支付账户，等等。O2O 模式，就是线上支付，线下享受。如果我们要实现线上支付，首先需要拥有自己的账户。

在 O2O 交易中，离开支付，就无法实现 O2O 闭环。在 O2O 业务中，商家没有账户，就无法实现线上支付，消费者没有账户，就无法在线上完成支付，甚至无法在线购物。简言之，在 O2O 业务中，交易双方有账户才能完成支付。

在 O2O 模式中，我们要进一步发展账户，要实现"账户＋"。什么是"账户＋"？"账户＋"，就是在企业 O2O 体系中全力打造的一个账户体系，根据品牌命名为"品牌＋"，比如 vivo+，其中"＋"的意义是"增强和扩展"，英文即"Plus"。想必大家对苹果 iPhone 不陌生吧，很多人想拥有一台苹果手机，却苦于没有购买能力。不过没有能力购买也无妨，我们可以到苹果体验店狠狠地体验一把。在苹果的体验店，你肯定会看到引人注目的苹果 iPhone 6s、苹果 iPhone 6s Plus，你还会发现苹果 iPhone 6s Plus 比苹果 iPhone 6s 的价格贵出好几百元。当你听完苹果导购的介绍，你就会觉得它贵得物有所值，因为苹果 iPhone 6s Plus 是苹果 iPhone 6s 的增强版。

品牌的"账户 +"是承载传统企业所讲述的品牌文化故事和生活方式的核心指数，是企业品牌的核心外延。我们把"账户 +"视为 O2O 平台和粉丝经济的核心账户体系，其应用价值体现在"ID+"作为整合全渠道的用户数据，扩展增值服务、开放平台对接第三方服务的核心点。如果加以类比，那么"账户 +"在逻辑上类似于 O2O 平台网关，在技术上类似于核心数据库。通俗地讲，"账户 +"体系的核心本质是一个唯一的、统一的账户身份（ID）体系。这个 ID（即身份识别号码、账号）同时也是大会员体系的核心 ID，如果需要，可以扩张为增值服务账户、社区服务账户、生活服务账户，甚至将来第三方服务开放接口的 ID。

也许很多探索 O2O 模式的商家遇到过这样的情况：自己的线上消费者来到线下的门店，可是门店的导购根本不知道这是自己网上注册的会员；商家的线下会员来到线上的天猫，线上的旺旺客服也识别不出这是他们的线下会员、消费者。这时候该怎么办？其实这个问题的解决办法就是需要一个身份标识号码来进行唯一识别。这样企业才能在 O2O 实践中做到心中有数。为此，我们还要熟悉"账户 +"的应用价值、掌握"账户 +"的运营策略。

"账户 +"具有重要的应用价值。我们结合 O2O 场景，来了解"账户 +"的应用价值。在企业的大会员体系中，"账户 +"就是会员账户；在企业的虚拟运营商中，"账户 +"就是用户账户；在企业的虚拟银行中，"账户 +"就是虚拟货币账户；在外接的第三方服务中，"账户 +"就是服务账户，等等。由此可见，"账户 +"实际上就是企业的一个通用的身份标识号码。这个身份标识号码除了可来自交易，还有可能来自企业的线上的微信粉丝、网店购买用户、App 用户，也可能来自线下的会员、老客户等。"账户 +"体系既是一个通用的身份识别体系，又是 O2O 平台的核心工具，从而能实现跨平台识别、社交账号接入、集中管控等应用价值。

"账户 +"的运营策略有两个：**一是围绕账户背后的目标人群"账户 +"来增强和扩展产品服务，二是围绕目标群体体现品牌的文化和定位，尤其是生活方式**。例如，耐克公司并没有局限在运动服装和装备上，而是围绕跑步的品牌故事，在"Nike+"的 ID 体系基础上，设计了可以量化运动指数的 NikeFuel（是一种可测量所有活动的通用工具），并贯穿到了 Nike 的所有应用中；比如 Nike Running，从而培养人们跑步的生活习惯，使人们可获得自己的运动指数，并在朋友之间进行社交分享。

总之，在线上线下业务交互频繁的 O2O 模式中，企业迫切需要一个能统一识别来自线上微信、网店、社区、App 线下体验店、注册用户、老用户等不同渠道的"人"，才能为"账户 +"背后的"人"（目标群体）提供更多、更优质的服务和体验。反之，企业若没有统一识别身份标识的"账户 +"，线下线上业务的融合就无法实现，也无法让更多的用户在线完成支付，最终以交易价值转化为主的 O2O 场景也就无法实现闭环。

虚拟币：网上竞争必不可少的武器

随着线上交易的越来越频繁，虚拟交易也随处可见。比如，你到某线上商家领取 10 元的优惠券，然后在他家消费产品或服务时抵销 10 元的现金，这 10 元优惠券就是虚拟交易。其实商家并没有从自己的银行账户拿出这 10 元给消费者，这个优惠券就具有虚拟币的性质。现在虚拟币越来越盛行，很多的电商、互联网企业都推出了自己的虚拟币，淘宝推出了淘金币，京东推出了京豆，百度推出了百度币，腾讯 QQ 推出了 Q 币，但是最火的虚拟币莫过于比特币。

比特币是一种可以流通的虚拟币，一个比特币可兑换 2200 余元人民币，约 350 美元（2015 年 10 月）。比特币数量很少，所以它不容易贬值，于是很多人想获得比特币，这更催热了比特币。同时比特币因为具有个人化、点对点发行的特点，尤其因其不受中央银行监管而走红全世界。但是，我们所熟悉的虚拟币并不是比特币，而是我们平常应用的淘金币、Q 币、京豆等。互联网巨头纷纷发行了自己的虚拟币，因为它是网上竞争必不可少的武器，能够吸引用户来自己的网站消费，进一步提高用户黏性。

虚拟币，是虚拟货币的简称，是一种虚拟的、用来流通和交换的、在网络上使用的具有"货币"属性的积分、点数或者权益。在 O2O 体系中，虚拟币对 O2O 场景的支付环节有重要价值，能给支付环节带来有效的补充和丰富的变化。虚拟币还是社交媒体和移动互联网账户的核心部分，它属于线上的业务，对应线下的现金业务。虚拟币是互联网时代的产物，正处在试验阶段，它与传统机构货币有明显的差别，虚拟币的使用范围较小，往往只适用于某一个网站。例如，京东的虚拟币京豆，只能在京东的网上使用。企业之所以纷纷推出自己的虚拟币，是因为虚拟币能够更好地巩固企业的商圈联盟，可提高会员的整体价值、忠诚度。用户拥有企业的虚拟币，就可以兑换企业的服务、产品，甚至享受特殊权益。虚拟币对于企业的应用价值主要有 3 个。

第一，导流

会员获得虚拟币，可以直接抵销部分购物现金，一定程度上可以为企业带来下一次的购买流量。只要会员购买成功就可获得虚拟币奖励，从而吸引会员持续消费。

第二，增加利润

当用户用虚拟币来抵现金的时候，就可增加平台的销售金额。虽然单个商品的利润可能不高，但是可以获得薄利多销的效果，带来总体利润的增多。

第三，增强用户黏性

企业邀请用户参与产品建议、线上内容的建设、线下会员的活动，并奖励用户虚拟币，就可以促进用户与企业的良性互动。虚拟货币如果具有赠送的功能，或者会员邀请好友注册企业会员可获得虚拟币奖励，就可以增强用户黏性。

虚拟货币对于企业的价值巨大，相信很多企业都想设计自己的虚拟币。设计虚拟币的过程中，要抓住两个要素。**一是虚拟币的命名**。虚拟币的命名，要结合品牌故事、简单易记，当用户看到你的虚拟币，就能想起你的品牌。比如只要听到淘金币的用户，都会想起闻名全球的淘宝网。**二是虚拟币的适用比例，也就是它与人民币兑换的比率**。比如物美超市，规定金卡会员的积分兑换人民币比率是 5%。总之，企业设计虚拟币一定要遵循"结合品牌定位、简单易记"的原则。相信，企业拥有自己的虚拟币，可以提升自己的品牌知名度，可以提高自己在网上的竞争力。

设备：引流用户不可或缺的媒介

线上的商家想从线下引流，线下的商家想从线上引流，会用到电视、电脑、手机等设备，这些设备是引流不可或缺的媒介。我们发现这些设备的屏幕是引流用户的核心。从某种程度上说，屏幕是 O2O 场景中的关键媒介。为什么这么说呢？我们只要细心地观察，就会发现，屏幕为 O2O 场景中的用户需求和动作提供了一个有效的输入和输出的直观介质，使客户体验更加完善。

专业地讲，屏幕就是用户交互的媒介；通俗地讲，屏幕是用户交互的界面。在 O2O 场景中，这个屏幕就是用户输入和输出的界面。由此可见，终端现场中的屏幕是 O2O 的关键业务支撑。我们根据时间和发展阶段可以把屏幕分为 3 类：第一类是电视，这也是最早的屏幕设备，代表着传统媒介传播；第二类是电脑，代表着传统互联网；第三类是智能手机，代表着移动互联网。这三类屏幕设备已经广泛地被人们使用了，也是企业引流用户的 3 种重要屏幕设备。随着智能可穿戴设备的蓬勃发展，其实第四种引流用户的屏幕设备已经出现，它就是智能眼镜。

也许大家会质疑，为什么第四种引流用户的屏幕是智能眼镜而不是智能手表，有 3 个要素让智能眼镜成为了第四种引流用户的屏幕设备。

第一，技术趋势

以谷歌眼镜为代表的智能眼镜代表着强大的技术趋势。

第二，社交因素

谷歌眼镜是基于 Google ID 研发的一个智能设备，本身具有社交基因。

第三，屏幕习惯

人们使用屏幕的习惯是由大到小，再由小到大。谷歌眼镜镜片上安装了一个头戴式微型显示屏，它能把数据投射到用户右眼上方的小屏幕上。显示效果如同 2.4 米外的 25 英寸高清屏幕（相当于客厅的电视屏幕）。而能从小屏幕中投射出大屏幕的谷歌眼镜就成为了企业、用户青睐的第四种屏幕设备。

屏幕是 O2O 的媒介，主要的应用价值是输入和输出。在 O2O 场景中，每一个屏幕对应一个输入点和输出点。最简单的 O2O 场景的构成是一个输入点和一个输出点；复杂的 O2O 场景由多个输入点和输出点构成，很可能一个场景的输出点与下一个场景的输入点并没有关联，就需要企业设计 O2O 场景的消费者驱动机制，从而实现从上一个场景的输出屏幕切换到下一个场景的输入屏幕。

比如，某线下商场的现场抽奖活动，经企业工作人员引导之后，用户就会从海报的"屏幕"切换到智能手机屏幕，再从智能手机屏幕切换到现场的会员终端屏幕，最后又回到智能手机屏幕。这个过程中都是场景引擎在驱动用户从一个屏幕切换到另一个屏幕，这样在每一个接触点就再不需要工作人员引导了。

总之，移动互联网时代的 O2O 场景往往很复杂，一定是多屏的，既有线下体验又有线上的交易和交互；企业必须要大力利用屏幕转化来驱动 O2O，这离不开引流用户的电视、电脑、手机等屏幕设备。

第 5 章

O2O 的五大技术精髓

企业设计自己的 O2O 模式，除了需要以客户价值主张为核心的业务做支撑，还离不开实现 O2O 的技术支撑。因为企业实现 O2O，需要利用虚拟体验和移动设计的技术能力改造现实体验，并促进线上线下、虚拟体验和现实体验的相互融合。O2O 的技术精髓也是"互联网 +"战略落地的重要技术支撑。企业要想落实"互联网 +"战略，不懂 O2O 的技术精髓是万万不行的。

强大的社交矩阵

传统企业的 O2O 实践，实际上就是要实现全渠道的客户体验。而社交互动和传播是实现全渠道的一个最关键环节。所以，企业要实现 O2O，就要建立自己强大的社交矩阵。为了取得良好的社交互动和传播效果，企业需要采取合适的社交矩阵策略，并掌握社交时代的全民营销。

何谓社交矩阵

在第 3 章我们提到了社交矩阵概念。社交矩阵就是指企业利用各种类型的社交媒体，如贴吧、点评、微博、微信等，建立起不同策略、不同定位、不同层次及不同调性的社交账号群，并在统一的品牌定位和粉丝定位下形成内容协同、资源共享的社交矩阵，达到大数据运营、全面的社交互动、粉丝社区、O2O 转化的目的。

社交矩阵是 O2O 的一大重要技术，仅仅了解其概念是远远不够的，企业还要利用社交矩阵技术驱动企业 O2O 尽快落地，这就要求我们掌握一些社交矩阵的应用策略。社交矩阵策略需要以企业的粉丝特征、品牌定位等为基础，制定最适合企业的社交矩阵组合。例如，红蜻蜓品牌企业就可以制定"1+N+N+1"的社交矩阵。"1+N+N+1"代表 1 个官方微博、N 个品牌官方微信（1 个品牌会员的服务号、1 个品牌传播的订阅号）、N 个渠道官方微信（分公司 / 各区域的订阅号 + 服务号）、一个品牌社区（如小米论坛官方社区）。小米公司就因制订了自己的社交矩阵（小米公司新浪微博 + 小米微信订阅号 + 小米社区）从而在移动互联网浪潮中获得了突飞猛进的发展。

社交矩阵的应用策略主要有两大类：**一是品牌矩阵，二是渠道矩阵。**

品牌矩阵主要包括微博矩阵和微信矩阵。品牌微博矩阵的微博的主要功能是把控品牌的方向、品牌的定调、品牌的定性、品牌的沟通主张，发布官方信息和新产品信息，并担当转发其他微博账号的关键中枢平台。品牌微博的应用价值一是强调以产品出众功能为起点的营销活动和社群粉丝互动；二是通过各功能部分的微博细分受众、细分服务，实现有效沟通和口碑营造。在传播上，能够集中所有的力量促使单一事件营销的瞬间爆发与全体系配合，通过其他与其合作的微博平台发起互动并 @（转发、点、提到）官方微博或者其他的兄弟微博，也可以 @ 售后平台优化服务。

品牌微信矩阵需要公众账号、公司小号、员工号的有效配合。其中公众账号由一个主账号和一个副账号组成。企业如果想侧重品牌传播，那么就把微信订阅号作为主账号；企业如果想侧重功能性，那么就把微信服务号作为主账号。微信订阅号与微信服务号的定位分工不同，微信服务号的主要功能是做信息、服务、会员，实现识别社交账号和绑定会员，打造企业跨渠道的用户服务平台；微信订阅号的主要功能是内容营销、推广，来弥补微博内容丰富度不足的短板（微博的内容限制在 140 字内），通过丰富的图文进行深度传播。此外，品牌微信订阅号还可以将流量导流到品牌社区或者企业的微信公众账号，当与品牌区域公众号或者品牌社区进行互动之后，还可以继续引导用户参加品牌服务号的营销活动。品牌服务号可以通过微信 ID 来唯一识别用户，还可以通过绑定会员账号实现用户识别和服务提供。所以，品牌服务号能打造出一个跨渠道识别用户的服务平台。

公司小号，就是公司微信小号，与员工的个人号不是一回事。公司小号是以企业申请的 QQ 号码或者购买微信沃卡的电话号码来申请的微信个人号，名称为"公司 ＋ 当前所属的员工"，头像为公司的 Logo 或者动漫形象，把客户的手机号码都同步到该公司小号的通讯录，然后微信绑定通讯录同步。用公司小号主持众多微信活动，可以推动粉丝主动加公司小号为微信好友。在小范围的粉丝活动中，公司小号的任务是把报名的粉丝拉进该活动群，从而可以实时通知粉丝、与粉丝互动。总之，企业有了公司小号，就可以对粉丝群发微信、朋友圈、微信群。

员工小号，就是员工的个人号，与公司小号、公司公众号配合使用，可以实施微信全民营销，就是让公司的每一个员工都参加企业营销活动，这样可大幅提高营销效果。

传统企业设计自己的社交矩阵，需要把渠道终端融入整体的社交矩阵之内。从渠道终端层面而言，渠道矩阵的应用价值是可以快速获得潜在客户、建立稳定关系、增加信任、及时沟通、促成销售、培养忠诚客户。简言之，就是可以将潜在的客户拉进来、将有效的客户抓牢、将普通的客户转化为忠诚客户。

渠道终端层面由上到下依次包括品牌层面、经销商层面、专卖店层面。品牌层面的社交矩阵形式是"N+1+1"，即微博矩阵 +1 个微信订阅号 +1 个微信服务号；经销商层面的社交矩阵形式是"1+1+1"，即 1 个微博 +1 个微信订阅号 +1 个微信服务号；专卖店层面的社交矩阵形式是"1+N+C"，即 1 个门店小号 + 多个导购小号 + 具有影响力的微信朋友圈。渠道终端的社交账号组合在整体的社交矩阵中不仅占有核心位置，它更是占领本地入口、引导社交媒体流量的至关重要的环节和基础平台。相信企业掌握了这些社交矩阵的策略，在设计自己的社交矩阵的过程中就不会再无从下手。

社交时代的全民营销

移动互联网、社交媒体快速地改变着人们的生活方式，最显著的特点就是很多活动都在社交关系的基础上进行，而且社交关系正在颠覆旧的商业规矩，催生出新的商业规律，引领着人们走进社交时代。社交时代全民营销受到了越来越多的商家的青睐，因为它让企业的营销变得更加有效。

全民营销，就是人人参与营销。它的本质是一种以社交关系为基础的直销。随着社交网络、移动互联网的产生以及普及，全民营销变得加简单便捷，更加容易操作。企业以品牌的微信矩阵为基础，并结合公司小号、员工小号的微信传播属性、朋友圈媒体属性等特征，就可以打造出一个以微信好友关系为中心的全民营销体系。

企业可以通过 3 个步骤来实现全民营销。**第一步，先细分好友，给好友贴标签，并将好友分组。第二步，企业要经常性、个性化、一对一地与微信好友互动、问候、群发祝福语，想办法把微信群、微信朋友圈发展成自己与微信好友之间**

的关系社区，并找一些大家感兴趣的话题进行讨论、分享、推荐点评等。第三步，在关系强度、活跃度、认同度到达一定程度之后，就可进行全民营销——转发微信矩阵中品牌公众号的任务内容了。

企业开展全民营销需要抓住全民营销的核心关键点。全民营销的核心就是个人，人人都是渠道、人人都来营销。也就是说全民营销中，个人的渠道为主渠道，在个人信任关系的基础上，传递品牌的产品、服务、活动等。全民营销的关键点有 6 个，即圈子、预售、激励、识别、甄别、闭环。

圈子就是每一个人通过微信同步通讯录、微信名片上的二维码，构建自己的朋友圈、微信群。预售，就是通过爆款或者促销活动实现 C2B 的预售，并与邀请码结合，让更多的人来参与预售活动。激励就是对参与全民营销的个人给予激励和奖励。识别就是每一个人都要有自己的识别码，即源码。甄别就是在交易和接待（用户）的环节如何甄别源码，也就是甄别内容来自哪个人，利用技术实现自动甄别是企业梦寐以求的事情。闭环就是通过社交客户关系管理系统实现信息从注册、传播、甄别到交易的闭环，最终实现全过程的管理。

全民营销的本质就是以微信好友关系的口碑为基础进行推荐营销，而不是在微信群、微信圈狂轰滥炸式地打广告。只要社交网络兴盛不衰，全民营销就会继续受到企业的追捧。其中全民营销的实现机制，将成为业界人士不断探究的新课题。

O2O 的实现工具

企业进行 O2O 实践的过程中，会涉及导流、手机数据、管理等工作，完成这些工作，往往需要借助一些工具。这些工具是连接线上与线下的重要支点与桥梁。其中，企业实现 O2O 常常离不开 3 个关键工具，即二维码、导流工具、闭环工具。

⌕ 神奇的二维码

二维码是实现 O2O 的神奇工具，之所以说它神奇，是因为二维码将成为移动互联网和 O2O 的关键入口。

提起二维码，大家也许没有用过，但是肯定见过，淘宝购物清单上，往往附有商家的二维码；从当当网上购买的图书，往往有二维码；商家的海报上也不忘附上自己的二维码。商家只要有二维码，就会吸引目标用户主动找到你，并可以增加自己的微信粉丝。二维码对于企业最大的作用就是可以为商家创造与用户互动的前提。二维码是移动互联网的产物，基于智能手机二维码的 O2O 应用中，二维码标签可以储存在手机屏幕内识别，二维码凭证也可以利用智能手机来识别。其中，二维码标签的作用是从线上向线下进行信息引流，是 O2O 的入口；二维码电子凭证是线上在线下场景进行营销，是 O2O 的出口。

二维码对于企业实现 O2O 至关重要，对于电子商务企业落地更为重要。它是电子商务企业实现 O2O 的重要营销载体，可以带给消费者更加便捷和快速的消费体验，是电商平台连接线上与线下的一个新通道，有助于产品信息的延展、产品横向价格对比。所以，企业一定要利用好二维码这个工具，管理好自己的二维码。传统企业管理二维码会遇到 3 个突出问题，即扫码概率低、扫码体验差、投放比较混乱。为了解决这些问题，企业需要建立二维码的管理原则，提高二维码的管理效率。企业管理二维码需要遵循统一管理、清晰记录、高效引导这 3 个原则。

第一，统一管理原则

企业不同业务模块设置二维码的目的不同，所属的组织权限范围、扫码后执行的跳转连接和返回信息也不相同，这就要求企业在统一的二维码管理平台上管理二维码，各业务部门可以自主制定自己的使用策略。通俗地讲，平台需统一完成二维码的分配和配置，业务团队以及合作方根据自身的需要独立完成二维码在不同的业务和活动中的个性化内容。

第二，清晰记录原则

企业基于二维码的统一管理和分配，需要通过二维码管理平台对每一次来自线下终端扫码的重要动作元素进行准确记录。这些动作元素包括扫码时间、扫码用户、扫码的业务事件（预约、交易、评价、活动等）、扫码渠道（可细致到门店、导购／设备）。

第三，高效引导原则

随着二维码的普及，用户对二维码已经司空见惯，但很多企业的二维码扫码率很低。例如，某 O2O 企业推出了二维码墙，扫码率却低得可怜，仅为 2%。我们经过深入的研究，发现二维码扫码概率低的一个关键原因就是引导的内容缺乏针对性，扫码后的体验不差才怪。此外，由于印刷、物料发放等原因，线下二维码的宣传屏无法及时更新内容，也导致了二维码扫码率低。基于此，企业需要一边加强线下扫码，一边使系统工具能够提供二维码扫码后的灵活的配置方案（即二维码不变，但是扫码后的内容可以根据自身需要配置新的内容），这样方可解决二维码扫码概率低的问题。

企业制定并遵循二维码的管理原则，将会改善扫码体验、提高扫码率。

导流工具

O2O 模式线上的流量很匮乏，线下的流量很大，企业莫不想利用 O2O 的导流工具从线下向线上导流，也很重视从线上向线下导流。企业最常用的导流工具有电子优惠券和免费 Wi-Fi。电子优惠券抓住了用户爱占便宜的心理，往往能为商家带来可观的流量。电子优惠券的相关内容详见第 4 章，这里不再重复。

如今，人们到饭店吃顿饭，一进门就会问服务员，有没有免费 Wi-Fi；去大型商场购物，一进门，就会发现商场的免费 Wi-Fi 服务。连相当传统的生活超市也开通了免费 Wi-Fi，这让我们不禁感叹：没有什么企业不可以采用 O2O 模式。事实上，没有哪个企业不想为自己导入流量。

商家纷纷开通免费 Wi-Fi，在于免费 Wi-Fi 具有重要的功能。商家利用免费 Wi-Fi 就可高效地利用智能手机入口，再与品牌 App 配合便可实现与智能手机用户互动，还可以精确定位用户的位置。免费 Wi-Fi 对于企业具有很高的应用价值，企业可在 Wi-Fi 登录的首页投放广告。当用户接入商家的免费 Wi-Fi，企业再结合定位就可以与用户互动、智能提醒用户，还可以记录用户逛街消费的数据，如用户在某店逗留的时长，购买商品的先后顺序等，从而开展后期的大数据营销。

免费 Wi-Fi 作为导流工具不是万能的，它也存在不少局限性。第一，并不是每一个消费者都对免费 Wi-Fi 感兴趣，用户可以用自己的流量套餐。第二，免费 Wi-Fi 场景要实现，与消费场所的空间、用户消费时长密切相关。试想一下，如果企业的店铺空间很小，几步就转完了，用户还会站下来等待连接免费 Wi-Fi 吗？显然不会。第三，企业开通免费 Wi-Fi，就需要办理宽带业务、购买商用 Wi-Fi 路由器，甚至需要每月检修，这无疑会增加企业的经营成本。第四，安全问题。欺诈性的免费 Wi-Fi 事件时有发生，往往是因为用户用免费的 Wi-Fi 登录网银、社交媒体、邮件等，导致账号密码泄露，从而使个人隐私处于很不安全的状态，甚至造成财产损失。企业在设计 O2O 模式的时候，要考虑到这些问题，并想方设法予以改善。

尽管免费 Wi-Fi 存在不完美的地方，但是如果企业能够设计好免费 Wi-Fi

场景，那么免费 Wi-Fi 不失为一种效果显著的导流工具。当用户利用企业提供的免费 Wi-Fi 登录手机号码或者微信账号、微博账号等，企业就可以获得用户的手机号码、社交账号信息；企业利用免费 Wi-Fi 可识别第二次来店的会员，并提醒店内系统，这有助于导购采用个性化的营销策略；企业利用免费 Wi-Fi 定位和动线（动线图是指顾客从进入店铺到走出店铺所经过的路线），可以提醒用户哪里有折扣、哪里有优惠，从而进行即时的精准营销；企业还可以整合会员消费的时间、购买数量、购买的频度等信息开展会员的数据营销。

免费 Wi-Fi 可以为用户带来不同的体验，可以帮助传统企业从线上向线下导流，可以助力企业实现 O2O。

闭环工具

企业在 O2O 设计中，离不开闭环工具。企业要想实现 O2O，一个重要任务就是要打造 O2O 闭环。O2O 闭环离不开支付环节。互联网企业的 O2O 模式中，一直强调闭环，并把网络支付或移动支付作为闭环。然而，线下消费者还没有养成网络支付或移动支付的习惯，所以，传统的收银模式是 O2O 模式设计的重要环节。企业需要更好地优化和再造 O2O 交易闭环，这就要借助云收银这个工具来实现。

企业传统渠道的收银方式必须经过一番改造才能适用于 O2O 模式。过去，收银机是企业传统渠道的支付设备，用户只可以通过现金和刷银行卡两种方式支付，收银机即时记录和管理支付数据。而线下的 O2O 交易闭环，就需要加大力度改造收银机。所以，改造收银机就成为了实现线上和线下闭环的关键环节。

改造传统收银机需要从两个方面着手：硬件方面和软件方面。硬件方面主要指从技术和设备上扩展，具体的措施是，改换为大一点的触摸屏，支持二维码扫码，增加 GPS 模块、3G/4G 模块或者网络入口，还可以进行收银机双屏等技术。经过这一番改造，收银机就可以联网、支持二维码支付、NFC 支付，满足用户的多种支付需求。这些收银机不仅可以通过触屏进行运营管理，还可以在支付等待期间或者支付之后与购买产品的用户互动。

在软件方面对收银机加以改造，可以把收银机铸造成一把 O2O 的神剑，即云收银机。例如，改造后的收银机屏幕变成了 10 英寸以上的大触摸屏，系统可以是安卓 5.2，处理器可以是 8 核，内存可以达到 8GB，支持二维码扫码，巴枪接口支持条码、IC 卡接触，并具有 3G/4G 模块、微型小票打印模块。为了打造零售终端的移动应用场景，又可以接入 5 寸或者 7 寸的移动云收银机。在云收银机的软件服务方面，在本地的收银系统、运管系统的基础上，还可以直接内嵌触屏版的社交客户关系管理（SocialCRM）系统，最终构建出"本地的收银 + 云端的 SCRM"的新支付体系。

最后需要提醒一下，传统的收银机的主要功能是收银，所以云收银的改造首先要保证其收银功能，然后打造增值功能。此外，还要保证本地收银的稳定性和便捷性，为此，企业往往通过本地收银功能来确保顺利收银，把增值功能设置到线上的云收银模块。

电子商务平台

企业在实现 O2O 的过程中，会面临搭建电子商务平台的工作，可是现有的电子商务模式有多种，这就需要企业选择适合自己业务的电子商务模式。俗话说，选择比努力重要。企业若选择到合适的电子商务模式，就能获得事半功倍的效果。为此，企业首先要了解电子商务的各种模式，然后掌握搭建电子商务平台的方法。

首先，企业要了解电子商务平台的各种模式。常见的电子商务平台的模式大致有 3 种。第一，C2C 模式。它是最初的电子商务模式，该模式的代表有易趣、淘宝，主要特点就是突出个体化，通俗地讲就是游商小贩的模式。个人、小商户适合采用这种电子商务平台模式。第二，B2C 模式。该模式的代表有京东、天猫，最显著的优点就是突出中心化的电子商务，通俗地讲就是百货商场的模式。有实力的企业适合采用这种电子商务平台模式。第三，微店 C2C 模式。该模式的代表有微店、微信电商，主要特点就是突出去中心化的移动电商。通俗地讲就是社交化的口碑直销模式，不是为了流量，而是为了打造社群和圈层的联邦制市场。快品牌和主打生活方式的企业适合采用这种电子商务平台模式。

此外，企业要掌握搭建电子商务平台的方法。企业搭建电子商务平台主要有 3 种方法，即自建自有电商、依靠平台电商搭建、依靠移动电商搭建。

大部分企业认为自建电商平台才会获得最佳效果。其实，这种认识很片面。如果企业刚刚发展电子商务业务，那么就不适合采用自建自有电商平台，而适合借力于成熟的电子商务平台。

第一，依靠平台电商搭建电子商务平台

企业可以依靠现有的有影响力的平台电商，如京东、天猫、苏宁易购等，来搭建自己的电子商务平台。他们不仅电商业务成熟，而且有自己的生态体系，如系统工具、流量体系、营销工具、运营团队等。因此，企业依靠这些平台电商可以快速地开展自己的电子商务业务。但是，企业依靠平台电商搭建自己的电子商务平台，常常会因为流量费用增高、转化率降低、运营团队能力水平不一等原因，导致操作难度越来越大。

第二，依靠移动电商搭建电子商务平台

企业可以依靠现在盛行的移动电商，如京东微店、微信购物等，来搭建自己的移动电子商务平台。移动电商不采用过去的推广、流量模式，而是采用讲故事、做内容、引爆传播、进行口碑营销的模式，这是企业发展电子商务的大方向。

第三，建设自有电商平台

比如企业自建官方电子商务网站，有实力的企业纷纷建设起自有电商平台，比如海尔官网、美的官网、格力空调官网等。企业要发展电子商务业务，从长远来看，建设自有电子商务平台很有必要。然而建设自有电商平台需要投入很高的人力、财力，而且未必能够获得理想的导流效果。企业建设自有电商平台，既需要储备大量资源，又需要积累丰富的经验教训，尤其在系统支撑、流量吸引、团队运营、营销推广等方面要资源充足、经验丰富，还要将自有电商业务与线下业务、移动电商业务充分融合。刚刚接触电子商务的企业面对这些工作往往会心有余而力不足。

所以，建议刚刚开展电子商务的企业不要急于建设自有电商平台，借助平台电商来搭建自己的电子商务平台，才是最佳选择。

成熟的平台往往可以为企业提供多种多样的可用工具，如聚划算、直通车等营销工具，天猫的旺旺、微淘等功能强大的管理系统工具，数据魔方、数云等数据分析工具，微信卡券、口袋购物等 C2C 工具，京东微店、有赞微商城等微商城系统工具。企业充分利用这些工具，将会驱动自己的电子商务业务更上一个台阶，将会打造出自己的电子商务平台。

移动终端工具

人们买几十元的衣服，有时还会觉得贵，看了又看，比了又比，但是购买动辄数百元甚至数千元的智能手机，眉头都不皱一下，还眉开眼笑，喜欢得不得了，并随时随地携带在身上、握在手掌中。难怪人们一致认为手机成为了人的一个再生器官，而且人们无法忍受没有手机的生活。很多丢手机的人，当天就会购买新机。这都说明手机与人如影相随。企业要找到用户，只要找到他的手机，尤其他手机里最常用的 App，就算大功告成。此外，企业的 O2O 场景可以在用户的手机上进行验证、核销和反馈，这样便可形成闭环。因此，移动终端工具毫无疑问也是 O2O 重要的技术支撑。

企业设计 O2O 模式，常用的移动终端工具主要有 3 种：企业移动端应用、企业的移动手持设备、第三方平台终端。

第一种，企业移动端应用

企业移动端应用，就是指企业自有的移动端应用，主要有两类，一是企业自有的品牌 App，就是根据企业 O2O 场景的需求，在 App 应用上设计很多功能性的应用，从而实现品牌宣传和某些固定功能。例如，会员应用等功能，由于移动 App 开发比较麻烦，功能不能实时更新，只能定期更新，所以需要功能相对固定。二是企业的移动终端 SCRM 等应用。它的主要应用价值是可以通过移动端 SCRM 达到采集信息、验证、核销、反馈等业务场景的目的。该应用主要在于满足企业多变的业务需求。尤其是移动终端 SCRM 的轻 App 应用，具有开发较为灵活的优势，从而可以根据企业不断变化的需求来定制开发不同的业务功能页面，并可立即布置。

第二种，企业的移动手持设备

最常见的就是企业业务员手中的巴枪（也称第三方手持设备）。它可以通过标准接口与企业的业务系统对接，是实现数据双向互通的通道。企业的移动手持设备，不仅可以扫描订单，还可以结算。比如顺丰快递员手中的巴枪，通过巴枪，企业的业务系统可以随时获得快递员的订单数据，快递员可以随时接受企业的业务指令（如取件指令）。而京东快递的巴枪更加高级，不仅可以扫条形码、刷银行卡、确认订单状态，还可以打印收银小票，毋庸置疑，这是一个

O2O 的终端神器。企业的移动手持设备与移动版收银机结合，就具有收银打印、扫描二维码的功能。该设备利用二维码就可以达成移动支付或者现场验证票券的目的。可见，这是一个具有代表性的移动闭环工具。

第三种，第三方平台终端

在企业的 O2O 场景中，还有很多可用的移动终端应用，比如用户手机上的微博、微信、支付宝终端，还有具有 O2O 业务属性的糯米团购终端、大众点评终端、百度地图导航。像微博、微信、支付宝这样的移动终端应用属于通用性的 O2O 工具，像糯米团购、大众点评、百度地图导航这样的移动终端应用则属于业务性的 O2O 工具。其中，业务性的 O2O 工具比通用性的 O2O 工具更加垂直，可以针对某一种具体的 O2O 业务，如团购业务、口碑业务、导流业务等。只要这些移动终端应用开放接口（API），所有的企业都可以利用这些应用平台来打通移动终端（智能手机）到线上（电子商务）或者到线下（实体店）的 O2O 闭环。比如微信开放了接口，传统企业都可以利用它来打通移动终端（智能手机）到线下（实体店）的 O2O 闭环。

企业要想分享到亿万元的 O2O 大蛋糕，一定要学会熟练使用这些移动终端工具，来积极实践 O2O，推动自己的 O2O 业务，实现自己的 O2O 计划，方可品尝到这块大蛋糕的美味。

大数据技术

众多 O2O 企业进入了资本的寒冬，对 O2O 的未来感到非常迷茫。就在此时，国内领先的移动 O2O 电商云平台快渔 App 发表了对 O2O 未来的看法：

大数据与智能化是 O2O 的未来。O2O 项目离不开大数据分析，这就需要企业积累数据，没有数据何来大数据分析？由此可见，O2O 要走得更长远，离不开大数据技术的支撑。企业在建设自己的 O2O 项目的一开始，就要考虑到用户数据的采集、分析、应用、建模。

企业要实现 O2O，不懂大数据技术是万万行不通的，尤其要掌握大数据的来源、大数据的价值、大数据的应用。

大数据的来源

不同的行业其大数据的来源不尽相同。在这里，我们主要针对传统企业实现 O2O，来探讨传统企业的大数据来源。传统企业的大数据来源非常复杂，有的来自线上，有的来自线下，有的来自移动终端。我们经过归纳整理，发现传统企业的大数据来源于 4 个重要渠道，即会员数据、交易服务数据、电子商务数据、社交平台数据。

会员数据，就是来自企业的会员系统的数据。很多连锁经营的企业很重视会员，只要开分店，首先就是增加会员。有了会员就可智能推荐、精准推荐，向会员发短信、发邮件等。会员数据具有三大特征：第一，会员数据质量高、总量少；第二，会员互动次数较多，互动数据多；第三，会员数据关联的业务对象众多，具体包括会员卡、积分、优惠券、权益等。会员数据往往是由企业的会员业务系统产生的，具有数据接口。

交易服务数据，就是指来自企业的交易系统和售后服务系统的数据。交易服务数据具有 4 个特征：第一，质量高；第二，都属于事务性数据，数据数量庞大；第三，描述角度单一，要么是交易数据，要么是维修数据；第四，不是一次性数据，业务处理过程复杂，有很多状态型字段。交易服务数据往往是由企业的交易系统、售后服务系统产生的，也具有数据接口。

电子商务数据，就是指来自企业的电子商务平台上的交易数据。电子商务数据具有 3 个特征：第一，数据质量高，以线上的交易数据为主；第二，有准确的支付方式、额度、消费频率等数据；第三，是一些准确的收货地址、联系电话等交付信息。这些数据来自电子商务平台，如果不是企业自己的官方商城网站，就会受到电子商务平台的数据开放性限制，例如，天猫电子商务平台的数据就比较封闭。如果电商平台的数据开放性不高，意味着企业不能拥有数据接口，也就是说，企业无法获得这部分数据。

社交平台数据，就是指来自企业的社交矩阵（微信、微博、社区、App）上**产生的互动、传播、交易数据**。社交平台数据有 3 个特征：第一，互动信息丰富、数据数量庞大、碎片化、非结构化；第二，有标签或自描述信息，自描述的信息有些不准确；第三，社交身份标识准确，如微博 ID、微信 ID。这些数据由企业的 SocialCRM 系统产生，也具有数据接口。企业还可以通过渠道的社交客户管理系统对社交数据进行结构化和有序存储。

这些不同来源的数据，需要纳入统一的数据库进行存储和整理，一旦数据达到海量级别，就要打造大数据平台来支持。这些大数据往往需要经过清洗，质量才能提高，才可进行大数据分析。企业拥有这些不同来源的数据，就可开展大数据营销，实现精准推荐、个性推荐。

大数据的价值

大数据是一座含金量很高的金矿，这已经被越来越多的业界人士所认同。可见，大数据的价值很高。

企业在实现 O2O 的过程中，会产生海量数据，这些数据来自不同的渠道，即社交数据、电商数据、线下的传统业务数据，甚至会对接全网数据。这些数据类型复杂，有的是结构化的服务数据和交易数据，有的是碎片化、非结构性的社交数据，有的是全网进行用户画像的标签数据。此外，用户每一次线上的社交行为、线下的买单行为，都会持续不断地产生数据。

随着时间的迁移，企业的数据规模会越来越庞大，同时也会越来越复杂。因此，企业一定要利用大数据技术来管理庞大、复杂的数据。比如，利用大数据技术识别主数据并统一主数据、构建并分析数据仓库、构建和运营标签体系、完善用户画像的数据和建模、进行个性化推荐等。

企业完成了这些数据的处理工作，并运营好用户，就可以逐渐实现大数据的价值。大数据的价值大致有 4 种：**第一，用户的个性化互动和智能推荐；第二，在大数据的基础上进行精准营销；第三，根据大数据可以提供定制化的产品和服务；第四，在以上 3 点基础上，根据用户的关联需求与异业联盟合作，构建一个共赢的生活圈生态，通过持续地积累下来的用户数据来提供金融服务**。用一句话来说，大数据的价值就是可以提升企业的经济效益。

大数据的应用

在 O2O 模式中，微信、微博、App 等移动互联网应用无时无刻不在产生数据，并存储在各家公司或应用的数据库服务器中。企业不仅要存储这些大数据、分析这些大数据，还要应用这些大数据。其中，实现大数据的应用至关重要。企业只有熟练掌握大数据的应用，才能达到智能推荐和科学决策的目的。

企业实现大数据应用需要从 3 个方面着手。

第一方面，掌握大数据的应用工具

在实现 O2O 的过程中，企业可能要用到 5 类主要的大数据工具，它们分别是大数据处理平台、大数据清晰转换工具、数据仓库系统、数据分析系统、BI 分析工具，如图 5-1 所示。

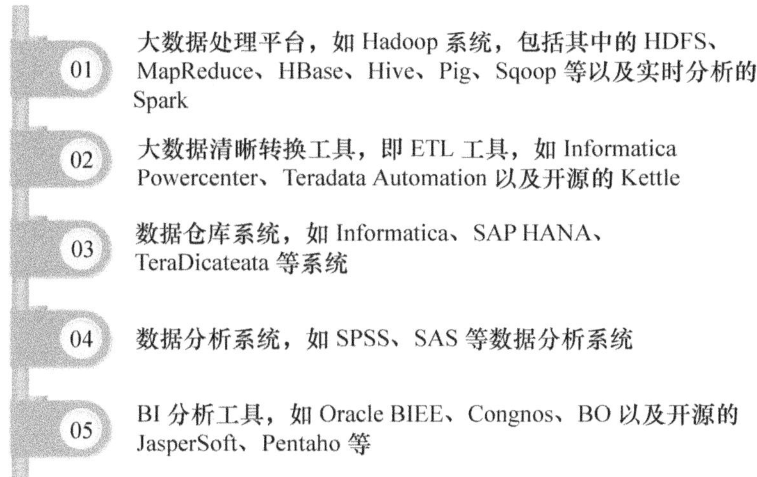

图 5-1　实现 O2O 的 5 类主要的大数据工具

第二方面，熟悉大数据的应用场景

企业的大数据应用场景基本是这样的：首先，企业通过 Hadoop 大数据平台储存数据和处理数据，通过 ETL 工具清洗转换和加载数据；其次，在以上基础上，把数据加载到数据仓库进行建模和数据集市（也叫数据市场，是从操作的数据和其他数据源中收集数据的仓库）。再次，通过数据分析系统和 BI 工具分析数据和可视化展现数据。最后，企业根据可视化展现数据和实时在线分析来辅助决策。

第三，统一客户数据管理

在 O2O 发展之初，人们就预测了 O2O 的发展趋势，即大用户、大信息、大数据。可见，O2O 的发展与人和大数据息息相关。其实，O2O 是基于用户基础才能形成的一个行业，移动互联网、智能手机的发展，使更多的普通人参与到了 O2O 的商业之中，才使 O2O 形成了一定规模，也就是"大用户"。据工信部统计，移动互联网用户总数达 8.38 亿户。毫无疑问，这属于"大用户"。而且只要人们使用移动应用就会产生数据，这些数据几乎每时每刻都在增加，汇聚成了海量的大数据。

同时，O2O 模式非常重视客户体验，它的所有流程和场景都离不开人。可以说，O2O 是一个以人为本的商业体系。O2O 项目对人的数据十分重视，尤其是用户主数据模型的设计以及对应主数据模型的数据采集、用户 ID 的统一等。其中，根据主数据模型统一 ID 和采集数据，就是我们常常所说的"统一客户数据管理"。

企业要统一客户数据管理，首先需要统一用户数据。企业通过用户主数据模型（一个标准的数据模型，包含用户的基本信息、行为特征、社会属性、价值等级、兴趣等维度，其中，每一个维度又有不同的数据标准、信息字段）清洗整理和合并用户数据，形成唯一的用户 ID，并以用户 ID 为中心，实现用户主数据的唯一性、完整性、准确性。企业一旦统一了用户数据，就基本上形成了大会员系统。

其次，基于大会员系统通过会员 ID 进行统一标识和唯一标识，便可统一客户主数据。需要注意一点，即企业一定要分析整体业务数据，这就需要企业建立数据仓库。有了数据仓库，就可以在数据仓库中抽取、清洗、完善用户数据，并通过建模和分析形成不同主题的数据集市，最后通过 BI 工具进行统计、分析、数据可视化、展现，就可以使分析结果更加一目了然，为企业提供科学的决策参考。O2O 企业通过大数据的应用可以辅助决策、智能推荐，从而提升企业整体的经济效益。

第 6 章

O2O 完美落地的八大核心问题

企业完成了自己的 O2O 模式，只是迈出了 O2O 之旅的第一步，而在落实 O2O 的过程中还会遇到很多挑战，其中我们可以预料到的就有 8 个核心问题，即利益分配、人的意识转变、组织结构变革、消费者消费习惯的改变、产品运营设计、商务电子化、O2O 人才的整合、外部资源的引进。企业只有解决掉这 8 个核心问题，方可早日让自己的 O2O 项目完美落地。

做好利益分配

传统企业在 O2O 转型变革的过程中，会遇到很多难题，其中最大的难题就是利益分配问题。企业如果不能做好利益分配，就无法落实企业的 O2O 战略。企业只有制定合理的利益分配机制，才能消除大家的后顾之忧，才能充分调动大家的积极性。

如果企业 CEO 不能妥善处理品牌商、分销商、消费者、导购等成员的利益分配问题，落实 O2O 是行不通的。美特斯·邦威在向 O2O 转型的过程中，董事长周成建亲自主持 O2O 项目的规划并大力推进实施，从而对美特斯·邦威 O2O 战略的落地起到了关键性的推动作用。如今美特斯·邦威成为了传统企业落实 O2O 战略的楷模。所以，我们建议由企业一把手主持线上线下的利益分配工作。

传统企业 O2O 项目的利益分配最直接的矛盾就产生于线上与线下之间。传统企业做线上的电子商务，就是从线下的所有渠道向线上引流，或者用线上的互联网品牌来不断吸引流量到线上的电子商务部门。这样就动了线下业务的"奶酪"——线下团队担心自己被电子商务取而代之，就会极力反对。

企业落实 O2O 的过程中，往往会面临 4 个方面的利益分配，即渠道利益、导购利益、会员利益、传统业务与新业务利益。

第一，渠道利益

渠道商本来就对品牌的电子商务和 O2O 项目持谨慎态度。加之很多传统企业在发展线上的电子商务的时候，总会高喊"发展电子商务就是要干掉所有的渠道"。这样渠道商就会反驳道："你做 O2O 都号称干掉渠道了，抢夺了我们的利益，叫我们如何不反对呢？"显而易见，企业只重视线上的电子商务，就动了所有线下渠道的利益。渠道商就会想让我们把线下的流量都导到线上，然后把我们当作包袱一样甩掉，我们渠道商才不做这样出力不讨好的事呢。企业 O2O 得不到渠道的支持，就无法实现，所以，企业一定要处理好线上电子商务与线下渠道之间的利益分配。我们建议企业不要只重视线上的电子商务而忽视线下的渠道，而应该对二者同样重视，这样才能实现线上与线下的融合，提供线上线下一致的客户体验。

第二，导购利益

众所周知，线下的销售业绩有提成，可是线上推广的利益如何分配？很多企业要求导购推广线上服务，但是并没有制定推广的利益分配机制。如果企业不关注导购推广工作的利益分配，导购就会认为，我们好好的提成不拿，凭什么帮你徒劳地推广线上的产品？企业解决导购推广工作的利益问题很难，可以尝试正向激励、额外提成、直接放在导购的业绩考核中等方式。美特斯·邦威激励线下导购帮助线上推广产品，采用的方法是把线上服务的推广计入线下门店的考核激励中，这样线下店里的导购更愿意推广线上服务。

第三，会员利益

很多传统企业线下都有会员体系，积累了不少会员。会员享有会员折扣、积分兑换等权益，但是往往权益仅限于线下；而 O2O 如果重构了新的线上会员体系，可能线上的会员的权益与线下的不同，往往会多于线下会员的权益，这时候线下会员的利益就会受到冲击。很多用户就不愿意办理线下的会员了。所以，企业需要同步线下线上的会员权益，方可促进线下线上会员业务的融合。

第四，传统业务与新业务利益

企业在 O2O 过程中产生的业务可能被划为新业务，但是这些新业务往往是现成地利用传统资源得来的，甚至还需要投入新的线上资源。传统业务看到新业务不仅利用自己的资源，还不断获得企业的投入，而自己仅得到很少的投入，就会产生担忧，甚至认为自己是新业务的铺垫、炮灰，又如何会支持线上的新业务呢？

当然，每一个企业遇到的利益分配问题不尽相同，但是以上这些利益分配问题往往是企业最需要面对的。企业只有妥善处理好这 4 方面的利益分配，才能推动企业的 O2O 战略落地，才能顺利实现企业向 O2O 转型。否则，因为利益冲突，O2O 项目毫无疑问地会失败，O2O 转型变革也只能化为泡影。

明确人的意识转变

O2O 以人为本，O2O 转型变革的核心就是要转变人的意识。因为意识决定行动，只有人具有了 O2O 的意识，才会用行动去落实 O2O 战略，并最终实现 O2O 转型变革。

众所周知，在传统的模式中，人们的意识中都是以产品销售、业绩为主，即使做线上的电子商务，也看重的是电商的交易、业绩。然而正是这种思维意识，束缚住了人们的 O2O 行动，严重阻碍了企业 O2O 的发展。所以，企业改变参与 O2O 人员的意识刻不容缓。

企业落实 O2O 战略，需要完成 5 类人的意识转变，即企业最高领导、IT 人员、操盘人员及其以下的管理人员、渠道终端、服务人员和交付人员。

第一，企业最高领导

企业最高领导是第一位需要转变意识的人。因为他是首脑人物，他的思维意识直接影响着下属的思维意识。如果他的思维意识不改变，下属即使有 O2O 的思维意识，也不能指导行动。企业领导首先要有以人为本的意识，还要有重视信任关系和客户体验的意识。这样在每一次公司管理层的大会上，领导才不会死死盯着业绩，才会重视 O2O 的客户体验和关系强度。如果领导一直用业绩意识要求下属，企业的 O2O 转型就会很快夭折。

第二，IT 人员

传统企业的 IT 人员的思维意识促使他们只盯着交易系统、ERP 系统、CRM 系统、终端营销系统，做的是传统业务的系统支撑工作。突然要求他们做 O2O 的支撑，具体包括社交互动、移动互动、二维码的支撑，就需要他们转变思维意识，否则，IT 人员不仅不能有效地支撑 O2O，还会成为 O2O 的主要阻力。

第三，操盘人员及其下的管理人员

操盘人员在策略、框架、业务模式等方面要有以人为本的意识，围绕人不断转变，在优化客户体验、设计业务场景、支撑技术系统等方面也要具备清晰的 O2O 意识。由于操盘人下面可能会有传统线下部门和网络部门，这些部门的管理人员和运营人员，也要转变意识，要具有融合线上线下的意识，不能各自为政。

第四，渠道终端

渠道终端是分销的最后一个环节，渠道终端主要由代理商、终端店长、导购组成。他们有用户体验为主的意识，也能够以线下活动场景为主，并能够利用移动互联网技术与线下的客户、粉丝互动，但是这还远远不够，他们还需要快速地建立起线上线下融合的意识和全渠道意识，才能有效支撑 O2O 转型。

第五，服务人员和交付人员

从交易的角度而言，服务和支付就已经是最后一环，可见，服务人员和交付人员处在业务闭环的最后一个环节。在 O2O 场景中，服务和支付常常是一些 O2O 场景的开头，利用交付接触点或者服务体验，可进一步触发新的 O2O 场景。比如，用户需要一条裤子，去了某品牌店试穿裤子的时候，导购给他推荐了一款上衣，让他看看搭配效果，客户试穿之后，觉得很满意，不仅购买了裤子，还很高兴地买下了这件上衣。也许还会触发用户购买鞋子的场景。所以，服务人员和交付人员要有这样的 O2O 意识，方可让用户获得更好的客户体验，从而带动销量、强化客户关系。

由此可见，企业向 O2O 转型不可回避的意识转变问题，涉及企业最高领导、技术人员、管理人员、运营人员、代理商、终端店长、导购、服务人员、交付人员，几乎包括了企业的所有人员。所以说，企业向 O2O 转型变革，是所有人的事情，需要企业内部所有的人都转变意识，需要所有的人都积极地参与进来，而不是企业领导凭一己之力就能够完成的事情。

清楚当前的组织结构变革

每一次彻底的商业变革，都会触及组织结构，企业向互联网转型离不开组织结构的变革；同样，企业向 O2O 转型，也离不开组织结构的变革。可以说，企业要实现 O2O，就不可避免地要涉及其背后的组织结构调整，否则就无法实现企业的蜕变。

在 O2O 的大浪潮中，传统企业将面临一次前所未有的组织结构变革。这将在业界掀起狂风暴雨，因为这次变革是致命的，也是义无反顾的。如果企业还对组织变革犹豫不决，就会被 O2O 的大浪拍打到沙滩上，无法成为弄潮儿。

企业要清楚当前的组织变革，要积极地变革企业的电子商务部门、网络运营部门、销售部门、渠道部门。

第一，电子商务部门的组织变革

对于传统企业来说，与 O2O 项目打交道最多的部门毫无疑问是线上的电子商务部门。但是企业一定要清楚，O2O 不等于电子商务，电子商务是 O2O 项目的一部分，而不是全部。如果传统企业把 O2O 项目等同于电子商务，迟早会因为受到线下业务的冲击而消亡。因为电子商务部门往往不能协调线上与线下之间的利益冲突，不懂线下的业务。所以，企业的电子商务部门变革的方向就是一定要与线下业务融合。

第二，网络运营部门

对于传统企业来说，与 O2O 项目接触较多的部门是网络运营部门，仅次于电子商务部门。众所周知，O2O 模式中，很多环节与微信二维码相关联，企业往往要运营微信公众号。所以，负责微信运营的网络运营部门就成为了 O2O 项目的一个责任部门。然而，只有微信二维码不能有效支撑 O2O 项目，只做微信活动也不能实现与线下融合。所以，企业的网络运营部门，要想办法与线下资源融合。

第三，销售部门

销售部门往往是一些侧重线下的 O2O 项目的主要负责部门，销售部门负责推动企业的 O2O 项目，既有优势又有劣势。优势就是可以充分利用线下资源，劣势就是容易盯着业绩增量，不到万不得已时不愿意打破传统业务的平衡，缺乏客户体验和信任关系的意识。所以，企业的销售部门要转变意识，要拥有线上运营的意识。

第四，渠道部门

一些采用渠道分销模式的企业，其 O2O 项目有可能由渠道部门主要负责。这时候，企业的发展就很危险，因为渠道稍不留心，就有可能利用 O2O 干掉渠道直接连接消费者，这犹如自杀。因为做 O2O 一定要有渠道，而且要做全渠道。所以，渠道终端向 O2O 变革，渠道部门一定要改掉爱管理和爱控制的习惯，要建立服务意识。此外，企业的总裁办、物流部门也要积极变革组织结构。总之，企业的所有部门都会面临组织变革。然而，企业的组织结构变革并非易事，也许会经历很长一段时间。但是企业只要有向 O2O 转型的决心，就一定要立即行动，并坚持到底，方可推进组织变革的步伐。与此同时，传统企业要清楚当前的组织结构变革，并在持续优化传统业务的基础上，大胆地把 O2O 的新业务作为一个独立的创新公司来发展，使新老业务相互促进、相互赛跑。

消费者消费习惯的改变

O2O 餐饮企业改变了消费者的就餐习惯，消费者喜欢在网上领取优惠券并下单，然后去线下的实体店就餐，这样可以享受巨大实惠；O2O 打车企业改变了消费者的打车习惯，消费者喜欢提前预约，再也不用站在马路上不停地向的哥招手了，告别了悲催的"打车难"；O2O 医疗企业改变了消费者的就医习惯，消费者喜欢提前在网上预约挂号，再也不用担心挂不到号，也不用排队挂号了，等等。O2O 模式正在改变着消费者的消费习惯。O2O 企业只要能改变消费者的消费习惯，其 O2O 业务就将会蒸蒸日上。

在以人为本的 O2O 模式中，不再以传统的企业和产品为中心，不再以假想的客户需求为中心，而是以消费者需求为驱动，以极致的客户体验为目的。因此，企业的最高领导要主持 O2O 项目，并且要亲力亲为做一件事，就是了解、改变消费者的习惯。国外的很多企业总裁很重视消费者的消费习惯，并不惜花费 20% ~ 30% 的时间来与全球的客户沟通，他们这么做只有一个目的，就是了解第一手的客户需求和客户习惯。只有在企业总裁以身作则的带动下，整个企业才会时刻重视客户，才会基于客户需求来推动企业的整个业务体系。

为此，很多国内的企业也设置了一些了解用户需求和用户习惯的部门，比如客户体验部门、客户声音部门等。虽然五花八门，但是他们的目的是相同的，都是为了了解消费者的习惯，然后根据消费者的需求来推动产品、服务以及整个企业的业务体系。

在 O2O 项目中，企业总希望消费者在线上完成支付，而事实上，消费者还是习惯线下支付，据调查显示，仅仅有约 20% 的消费者习惯线上消费和支付。尤其在三四线城市，大部分消费者习惯线下消费和支付。在消费者习惯的问题上，企业有两种选择：**一是改变消费者习惯，二是适应消费者习惯**。大多数 O2O 企业选择改变消费者的消费习惯，哪怕烧钱也要去培养消费者的消费习惯。例如，O2O 企业滴滴、大众点评，都不惜投入巨资去改变消费者的消费习惯。

消费者消费习惯的改变谈何容易？需要企业投入巨大的财力、人力。当初，淘宝为了改变消费者的消费习惯"烧"了 10 多亿元，花了数年时间，才初见成效。滴滴 / 快的为了改变消费者的出行习惯，仅一年就"烧"掉了 40 亿元。可见，

O2O 企业要改变消费者的消费习惯难度不小。如果容易的话，哪个企业愿意砸那么多钱？当然，如果企业决定要改变消费者的消费习惯，就要勇敢地去做。

消费者消费习惯的改变一般需要分 3 步走。**第一步，确定你的目标消费者群体**。例如，外卖 O2O 企业的目标消费群体是写字楼里的白领、加班族、不爱做饭的宅男宅女。**第二步，了解他们的行为习惯是怎么样的**。第三步，**明白我们想要什么样的消费习惯**。比如顺丰嘿客社区便利店模式，无实体商品，只提供商品二维码，消费者需要某商品，扫描该商品的二维码到线上下单支付，等待送货上门即可。而社区的老百姓不习惯这样购物，只是过去看看热闹。这就需要顺丰嘿客来改变和培养消费者的消费习惯，为此，顺丰嘿客可能需要继续砸钱，一直到改变消费者的消费习惯为止。O2O 企业无不希望消费者在线上下单支付，线下消费。O2O 企业要改变消费者的消费习惯非一朝一夕就能够完成的，往往需要漫长的时间，没有雄厚的资金为后盾，是很难获得成功的。

最后，需要提醒一点，企业要改变消费者习惯，需要抓住一个关键要素，就是要在品牌与消费者具有良好的互动和信任关系的基础上，再去改变消费者的消费习惯，决不能迫不及待；因为时机不成熟时是不会有成效的，所做的一切只能是徒劳。

产品运营设计全攻略

O2O 项目强调以人为本，重视客户体验。那么，如何才能让用户获得极致的体验呢？这就需要企业的产品经理在了解客户消费习惯的基础上不断地优化产品（或服务）。企业要持续地优化产品，掌握产品运营设计的策略，才会达到事半功倍的效果。

产品运营的本质就是经营，挖掘用户，降低成本，创造价值。

用好了产品运营设计策略，企业就能拉来新客户、留住老客户。为了这个目的，产品运营经理首先需要找到用户在哪里，可以利用用户画像、调查、需求分析等方法。其次，以企业能接受的成本来拉客户，并让客户用企业的产品，可以利用市场投放、商务合作、社会化媒体策划活动等方法。再次，让用户持续用企业的产品，可以利用社区运营、用户运营的方法。最后，当用户不用企业的产品的时候也要跟用户保持联系，可以通过召回、微信运营、微博运营、反馈、与别的产品进行商务合作的方法来与用户保持联系。在实际操作的过程中，企业往往重视拉来新客户而不重视持续留住老客户。殊不知，开发一个新客户的成本往往是维护老客户的成本的数倍。

在谈论产品运营设计攻略之前，我们先了解一下产品的流程以及运营设计。例如，一个移动产品从诞生到与用户见面往往需要经历 5 个阶段，即功能定位→交互流程（Ui）→视觉界面（GUI）→开发和测试→发版运营。运营设计其实就是产品诞生的过程，可以说，没有好的运营，精心打造的产品就不会被更多的用户看到。为了让更多的用户看到企业的产品，企业在产品发版、节日、公司重要活动的时候都需要做产品运营，增加产品的关注度。

这个过程中会涉及到 5 个运营设计，即产品功能宣传设计、海报展板等平面设计、产品网站 banner(网站页面的横幅广告) 设计、发版、活动专题页面设计。其中每个产品上线时都会用到功能宣传设计和 banner 设计。

产品功能宣传设计要找准需求的核心。可能设计 banner 的时候，需求方会要求显示 N 个功能点，但是页面不允许写这么多功能。再说这么多的功能点，肯定有主要、次要之分。这时候，企业负责人需要与需求方进行沟通，找到核心点和优先次序，再设计。最终选择两三个主要功能，其中核心功能用文字体现，其余用图片表现，这样才能突出产品的核心功能。例如，移动产品百度手机输入法 iPhone V2.1 发布新版本，希望体现 3 个功能：第一，突出发版和手机输入法；第二，新增了支持 iOS5 功能；第三，点划功能，换肤功能，词库精准。由于信息太多，都设计进去反而不能体现核心功能，如图 6-1 所示。

图 6-1　多个功能点堆叠，重点不突出

最后决定用图片来表现点划和输入功能，突出了"百度手机输入法"这个主题，如图 6-2 所示。

图 6-2　精简提炼，沟通后明确了核心元素

产品 banner 设计。如果 banner 比较宽，最好用左右构图的形式，较高的微博类图片最好采用上下构图形式。banner 要想吸引用户的眼球就要适应网页环境，不能与同期上线的其他 banner 雷同，否则，就不能吸引用户关注。产品运营设计大多需要有界面或设备（如手机）的展示，加入界面更有利于表现效果。界面就是设计的主题，建议采用正面的界面，更加直观。

产品运营设计就是为了推广企业的产品，吸引用户关注企业的产品，激发用户的购买欲望，使之在没有看到实体产品的时候，就愿意掏钱买单。企业只有掌握产品运营设计的策略，才能吸引到更多用户购买你的产品。

商务电子化成为趋势

O2O 模式中，有一个重要的问题，就是商务电子化，专业地讲，就是中台能力。如果 O2O 企业的中台运营能力不强，那么它的 O2O 项目就得不到有力的支持，它的 O2O 项目发展就会处处遭到掣肘。可以说，商务电子化是 O2O 项目的基础，对此，企业需要提早准备和不断加强，简言之，商务电子化将成为趋势。

商务电子化由商品、订单、价格、门店、会员、支付、库存、服务等组成，如图 6-3 所示。

包括商品的品类管理、商品编码、商品二维码、动销管理、标签管理等

商品

包括订单的要货/补货计划、销售订单、费用管理、渠道经销管理

订单

包括对成本、利润、降价调价、价格标识等的管理。

价格

包括对门店的编码、二维码、导购、客单、老客户比例等的管理

门店

会员

包括对会员注册、开卡、二维码标识、积分、兑换、线上线下共享等的管理

支付

包括财务支付结算与移动支付、网络支付、积分虚拟币支付的打通

库存

包括库库的实时数据、周转率、盘点、损耗、库存预算等

服务

包括安装、维修、解答咨询、处理投诉等售后服务

图 6-3　商务电子化的主要业务

商务电子化的核心要素是信息化，即要求企业要加强全面信息化。这需要两个步骤来达成：**第一步，企业通过中台运营体系把商品、价格、门店、会员、支付、库存、服务等业务转换为数据；第二步，企业与移动端的移动电商、移动社交、线上的电子商务实现互联互通。**企业 O2O 前台中的电子商务购买和扫码，仅仅是前端的触发，只有得到强大的中台支撑，才能落地。由此可见，商务电子化对于企业的 O2O 落地至关重要。

此外，在 O2O 模式中，企业还需要管理很多小系统，但是一旦企业的 O2O 业务平台运作起来，中台还是个小系统，就不能有效支撑企业的 O2O 业务平台运作。所以，企业的 O2O 业务平台一定要与强大的中台结合。比如，用户扫完二维码，一般会显示商品的名称、商品的价格、实时库存、促销活动等，这都是中台系统在支撑；如果没有中台系统，用户扫完码，就是一个空白页，我想没有哪个企业、用户愿意看到产品扫码结果是空白页的。再如，在移动商城查看商品实时库存、下单、支付，按照订单地址分配最近的门店、配送过程跟踪、客户签收、客户反馈等一系列的动作，没有强大的中台支撑，也无法实现。

企业落实 O2O，不仅仅要发展电子商务，更重要的是要实现商务电子化。从某种程度而言，O2O 的核心就是把电子商务变成商务电子化。随着移动互联网的蓬勃发展，商务电子化毫无疑问成为了 O2O 的本质。企业要做 O2O，首先要做好商务电子化。这就意味着企业做 O2O 离不开商务电子化，商务电子化将成为 O2O 的发展趋势。

O2O 人才的整合

O2O 是一个新产业，与之相匹配的人才非常匮乏，而 O2O 的领军人才更是寥若星辰。这无疑加大了企业落实 O2O 的难度。企业要落实 O2O，不能没有懂得 O2O 理念和有实操经验的人，然而，企业要寻找到这样的人比登天还困难，因为根本没有现成的人才。

O2O 产业在发展的过程中遇到了 O2O 人才瓶颈。随着企业对 O2O 人才的需求不断扩大，企业招聘 O2O 人才异常困难，企业的 O2O 人才流失也很严重，尤其是中高层被挖角现象严重。O2O 领域存在的人才现状阻碍了企业的 O2O 落实步伐。然而，O2O 企业没有 O2O 人才，就犹如飞机没有燃料无法起飞，犹如人没有血就会死掉。可见，企业解决 O2O 人才问题已是刻不容缓。

企业解决 O2O 人才的缺口，常常采用 3 种方式，即外部空投、长期储备、内部培养。然而，我们不能笼统地说这 3 种方式哪种最佳，因为它们各有优劣。企业只选其中的某一种方式，都不能满足企业对 O2O 人才的需求。

第一，外部空投

企业从外部挖合适的 O2O 人才不容易，但是一旦挖到了就可以快速上手、开展工作；由于 O2O 项目涉及企业内部资源整合和组织变革等与人相关的业务，外部空投人员在快速熟悉业务和内部人员、协调关系方面都存在劣势。在协调关系上，败下阵的外部空投人员也是屡见不鲜。快速熟悉业务和内部人员、协调关系对于外部空投人员来说也是个大难题，他们无法攻克，就只能出局，而企业寻找他们的一番苦心也会因此白费。可见，企业仅仅依靠外部空投的方式来解决 O2O 人才缺失问题并不靠谱。

第二，长期储备

俗话说，养兵千日，用兵一时。意思是说，平时供养、训练军队，以便到关键时刻用兵打仗。也就是说，国家不能因为平时用兵的次数少，就不供养、训练军队。同理，企业也不能因为眼前业务少，就不储备人才。因为一旦业务多了，需要人的时候，你很难找到能直接上手的人，所以要重视平时储备人才，以备急用。纵观 O2O 市场，价格战、补贴大战、并购战时常上演，而 O2O 人才是企业竞争的筹码。很多企业在用人之际往往"一人难求"，总慨叹人才匮乏，后悔平常没有储备人才。随着人才越来越匮乏，大部分企业有了长期储备人才的意识，开始尝试与高校、培训机构就相关职位的课程、实习、培训开展合作，并从本科和社会在职培训等开始。令人遗憾的是，很多高校还没有开设 O2O 的相关专业和课程体系。企业想利用此方式获得 O2O 人才，就需要与高校携手共建 O2O 学院，但是操作的难度很大，一切需要从零开始。

第三，内部培养

企业一定要高瞻远瞩，舍得投入一定的财力来培养内部人员，让他们成长为企业的骨干，这是企业获得 O2O 人才比较靠谱的方法之一。企业内部培养起来的人才，其优势就是熟悉企业文化和业务，忠诚度高。但是也存在一个劣势，就是通过内部培养的人才能力提高得比较慢，这就意味着企业需要花费很多时间来培养内部人员，他们还需要项目锻炼的机会，甚至项目失败的磨炼。只有具有丰富经验和失败教训的人，才会变得更加坚强，才会真正成为企业的骨干，才能挑起企业发展的重任。

企业想获得稳定的、可靠的 O2O 人才，需要整合这 3 种获取人才的方式，即在长期储备 O2O 人才的基础上，大胆地引进外部空投管理人员，并坚持培养内部骨干，方可不断地丰富企业的 O2O 人才资源，彻底解决 O2O 人才匮乏的问题，大力支持 O2O 项目的发展。

外部资源的引进

企业发展 O2O 模式，就要与更多的企业合作，在合作的过程中努力实现优势互补，发挥自己的长处，借助他人的长处补自己的弱处，而不是什么事情都由自己亲自来做。很多企业的领导凡事亲力亲为，忙得焦头烂额，但是往往收效甚微。企业只有学会整合资源，与合作伙伴优势互补，才能提高效率、效益；否则，合作伙伴的优势再大，也与你无关，企业要落实 O2O 也会遥遥无期。

企业落实 O2O 离不开资源整合，不仅要整合线下资源，还要整合线上资源，不仅要整合内部资源，还要学会整合外部资源，即积极地引进外部资源。企业在打造自己的 O2O 业务平台的时候，扩展和再造原来的传统产品和服务的时候，往往会遇到资源整合的问题。此时就会发现自己很多劣势的环节，有的劣势环节必须要自己亲自来改造和升级；有的则可以通过外部资源的引进来解决，而且有时候通过外部资源的引进，成本更低、效率更高。此时，企业会不会考虑引进外部资源？我想大多数企业要是看得明白，就会毫不犹豫地通过外部资源的引进来弥补自己的短板。

但事实上，很多企业看不明白，他们在资源整合方面通常会遇到一些困惑，大致有 3 个方面的困惑。

第一，配送。有的生产企业要在 O2O 体系之内提供快速的物流服务的时候，困惑到底要不要建立自己的配送团队？

第二，采购。有的分销企业把自己的渠道终端都接到了某一个 O2O 业务平台内并获得了规模效应，具备了向供应链的最上游直接采购的资格，此时开始困惑到底要不要亲自建立直接采购团队？

第三，金融。有的品牌企业通过 O2O 业务平台将自己的零售流通体系整合进来，打算在此基础上向流通体系提供流通链的 O2O 金融服务，此时困惑到底要不要亲自建立金融团队？

其实很多企业在向 O2O 转型的过程中，在物流配送、集中采购、金融服务等领域会遇到许多自己不熟悉的或者无法解决的问题，还会遇到需要大量外部资源的情况，此时企业需拥有开放的心态，遵循平台化、标准化的原则。企业可以参考以下 3 种整合方法。

第一，自建。企业遇到需要大量外部资源的情况时，可以选择自建，但是自建往往需要很多时间和专业人才。自建适合有基础或者有核心领域的企业。需要提醒一下，企业最好不要自己建设不熟悉的领域。

第二，外包。企业需要大量的外部资源时，也可以选择外包，即把这部分业务外包给运营公司代运营，企业只需要设置专职人员对接即可。第三，专业公司服务。企业需要大量的外部资源时，还可以选择专业公司服务。企业拥有自己的专业团队，但是业务水平并不是一流的，这时可聘请外部专业公司提供顾问或者辅导服务。

企业需要根据自己的具体情况来选择合适的整合方法。总之，在现在专业化的分工时代（如 O2O 企业饿了么物流配送环节也是外包），传统企业 O2O 在很多环节存在短板，进行资源整合是不可避免的，同时企业还需要高效地整合内外资源，这样方可丰富企业的 O2O 资源，建立起企业的 O2O 生态链，从而有力地支持 O2O 战略完美落地。

第 7 章

互联网 +"时代，O2O 的商业设计

O2O 的商业设计是"互联网 +"战略和 O2O 转型最核心的环节。因为"互联网 +"战略和 O2O 落地不是企业把电子商务、移动互联网、大数据、云计算、物联网等简单地相加就可实现的，需进一步创新商业设计，即实现以用户为中心的线上与线下融合、虚拟体验与现实体验的融合。

不管何时何地，始终做好市场分析

企业落实 O2O 战略，需要通过市场分析和重新定义商业模式，找到合适的品牌定位和业务模式。所以，不管何时何地，企业都要做好市场分析。只有做好市场分析，才能了解产品的市场供需、市场价格、消费者的需求等情况，才不会盲目地生产出市场过剩的商品，才能合理地给商品定价，才能生产出消费者高度认可的商品。

市场最终的赢家最善于捕捉变化

市场蕴藏着很多商机，但是商机不会主动跳到你面前，需要你去捕捉。哪个企业时刻关注市场并善于捕捉市场变化，就有可能成为市场的最终赢家。反之，就会被市场淘汰。

然而，并不是每一个企业家都善于捕捉市场变化的。那么，不善于捕捉市场变化的企业是不是只能坐以待毙？当然不是，企业家若不善于捕捉市场变化，就要去学习如何捕捉市场变化，只要肯学，就还有活下去的机会。我想没有哪个企业愿意轻易放弃生存机会的。那么，我们就一起学习一下捕捉市场变化的常用方法——二维象限图法。

二维象限图法就是通过两个市场维度来捕捉市场的变化。由于目前的 O2O 项目大部分是由互联网公司运营的，传统企业的 O2O 项目很少，并且 O2O 市场主要采用生意分析法，即分析交易的客单价和消费频次。所以，大多数研究机构做 O2O 市场分析，往往选择交易的客单价和消费频次为主要维度来进行二维分析。我们以消费频次为横轴、以交易的客单价为纵轴，做的二维象限图，来展现 O2O 市场的现状如图 7-1 所示。

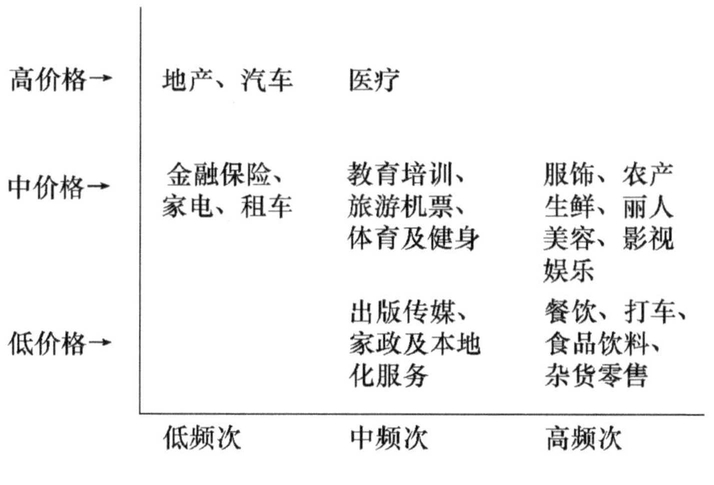

图 7-1 二维象限图

在如图 7-1 所示二维象限图里，我们把横轴上的消费频次划分为 3 个区域，从左到右依次是低频次、中频次、高频次；我们把纵轴上的客户消费金额也分为 3 个区域，从下到上依次为低价格、中价格、高价格区。这样划分就有 9 种市场状况，其中我们最敏感、最熟悉的有两种，即高频低价区和低频高价区。这两个市场区域的生意最受创业者关注。现在每个行业都可以根据自己的消费频次和客单价在此二维象限图上找到自己的位置。现在火热的 O2O 企业都可以在此二维象限图上找到其位置。例如，O2O 农产生鲜企业厨易时代位于高频中价区，O2O 打车企业滴滴、O2O 餐饮团购企业美团位于高频低价区。由此可见，O2O 火热的市场位于中低价高频区。这将会吸引更多的创业者选择进军高频市场。高频市场是刚需，商机更多，即使薄利多销也能抢到不少生意。

纵观那些成功的企业家，并不是因为他们碰到了幸运的机会，而是他们善于捕捉市场变化，捕捉到了良机，甚至抢到了先机。例如，小米 CEO 雷军善于捕捉市场变化，从而捕捉到了移动互联网的商机，创办了小米科技并一举成功，迅速成为了中国第一大手机商。总之，善于捕捉市场变化的能力，早已成为了企业家参与市场竞争的前提条件。企业家和创业者只有善于捕捉市场变化，才有可能成为激烈市场竞争中的最终赢家。

把创新当成企业的灵魂

有句名言说："创新是一个民族进步的灵魂，是一个国家兴旺发达的不竭动力。"许多企业的发展也证明，创新是企业生存和发展的灵魂。

创新简单地讲就是创造和发现新东西。企业可以创新的领域有很多，产品创新、工艺创新、管理创新、市场开拓创新，等等。唯品会没有像大多数电商那样死盯着一二线城市市场，而是积极地开拓了三四线城市市场，从而创新了市场，快速登上了特卖电商的宝座。O2O 企业要想生存和发展，同样离不开创新。由于 O2O 是围绕客户展开的，所以，O2O 企业的创新需要结合客户来进行。为了更加一目了然，我们结合如图 7-2 所示的 O2O 的魔力象限图来探讨创新对企业的重要性。

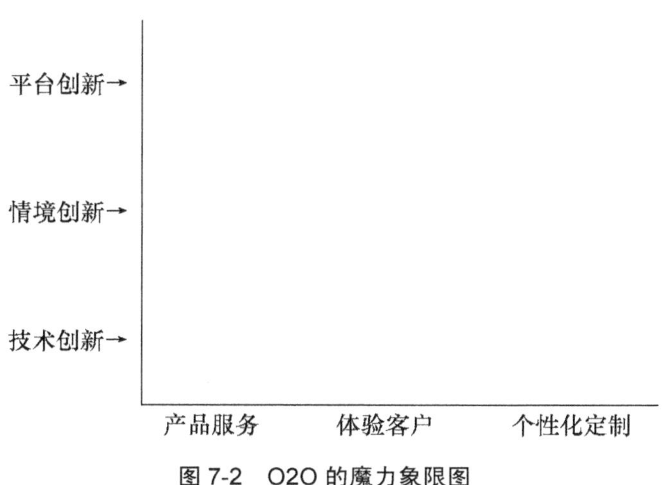

图 7-2　O2O 的魔力象限图

在图 7-2 所示的魔力象限图中，横轴突出客户体验，纵轴突出创新。其中，客户体验又划分为 3 个阶段，从低到高依次为产品服务、体验、个性化定制；创新从初级到高级依次是技术创新、情景创新、平台创新。

客户体验有 3 个阶段：第一阶段是基础性的产品服务，第二阶段侧重客户体验，第三阶段是个性化定制。创新有 3 个阶段：第一阶段是新技术，如位置识别、位置感知等技术；第二阶段是情感，就是把情感与场景融合；第三阶段是融合技术和情境形成开放性平台。总之，企业做 O2O 商业设计要抓住创新和客户体验这两个要素，方可推动企业的 O2O 的发展步伐。

O2O 企业的创新需要在定位品牌和用户之后，从客户体验和创新来着手，即抓住两个维度，通过多个阶段来进行商业创新设计，对一个原本很简单的生意通过这两个维度深入细致地分析，最后可获得很多围绕用户需求的模式，即可获得很多商机。例如，携程和去哪儿不是单纯地满足用户的旅游需求，而是用户从始发地舒适、便捷地到达目的地的需求。再如，滴滴和神州专车并不是单纯地满足用户的打车需求，用户还需要从始发地方便、快速、安全、舒适地到达目的地。就客户体验的维度而言，产品服务是打车、租车、代驾、专车等服务；体验层面是提前预约、准时送达、提供免费矿泉水、上下车开车门、舒适体验等；在个性化定制方面，就是记录用户的常用始发地址、常用司机等。从创新这个维度而言，技术上采用 LBS 实时定位、地图导航计价、微信通知等；情境方面是预约预留航班号，以便司机免费到出站口接人；平台方面就是叫车平台、优惠券平台等。

总之，这些创新就是为了不断地优化客户体验，让用户需要的时候就立刻想起你，这样企业才可以极大地开拓市场。企业要做大做强，离不开不断扩大市场。华为、联想、小米、海尔等民族企业，纷纷开辟海外市场，就是为了做大做强。

纵观那些成功企业的发展，我们可以发现他们无不是通过创新来提升企业的竞争力的，无不是凭借强大的竞争力才得以在硝烟滚滚的市场中站稳脚跟的。所以，企业要随时反思自己的创新灵魂在不在，要时刻保持创新思维。因为企业没有创新能力，就没有了活力，更谈不上有竞争力。

O2O 设计方案必需环节

O2O 是传统企业在移动互联网时代的一次至关重要的转型，不能仅仅把它看作一个新业务，而是要从设计方案上就进行创新，这样才能设计出对企业真正奏效的 O2O 解决方案。企业制定 O2O 设计方案需要熟练把握 4 个必需环节，即参透 O2O 的模式、补习 O2O 的业务、了解 O2O 的系统、掌握 O2O 的运营。

参透 O2O 的模式

企业落实 O2O 战略、制定 O2O 设计方案，很有必要先参透 O2O 模式，这样企业的 O2O 设计方案才能更奏效、实践起来才能心中有数。参透 O2O 模式需要从两大方面入手：一方面是 O2O 策略，另一方面是大会员体系。

无论是互联网企业还是传统企业，实践 O2O 都要强调客户体验，并重视终端体验店。这是企业实践 O2O 的主要策略，这也表明企业实践 O2O 的主要阵地应该是线下，而不是在线上。

1. O2O 策略

企业只有具备合适的 O2O 策略，才能有效地推动 O2O 战略落地。企业要想制定合适的 O2O 策略，就要把握 5 个要素。**第一，O2O 模式要实现业务数字化、数据化**。传统企业的手工业务和不可量化的体验，可以利用线上的技术数字化。业务数字化就可以积累海量数据。有了海量数据，企业就可以利用数据来量化客户体验，便于不断优化客户体验。**第二，O2O 模式要能提供私人定制服务**。企业可以利用私人定制服务，打造极致的客户体验，最终形成高端用户圈子和口碑传播。**第三，O2O 模式要体现平台化、创客化**。企业要让零售终端和经销商变为 O2O 转型中的独立单元，成为主动创新的创客。品牌的 O2O 服务平台化，要转变为创客的 O2O 服务平台。**第四，O2O 的作用是提供服务而不是操控线下渠道终端**。O2O 平台的职责是为企业渠道终端向 O2O 转型做服务的，而不是通过研发一个系统来控制和管理渠道终端。**第五，O2O 模式旨在实现人人是渠道**。在 O2O 平台上，企业需要全力以赴地把企业所有员工、导购、铁杆粉丝、会员发展为营销渠道，来推荐、传播产品或服务。

2. 大会员体系

虽然大多数传统企业建立了自己的传统会员体系，可是其会员权益和服务设计往往很单调，大多数企业只给用户提供会员积分的权益，显然对用户的吸引力很有限，并且仅适用于线下渠道，也没有制定各个渠道对不同等级会员的体验标准，更没有明确各个渠道对不同等级会员的个性化定位。

大会员体系的目的就是通过优化全渠道的大会员权益设计、大会员数据资产管控和大会员运营等为企业提供业务价值参考。大会员体系的设计需要进行用户信息数据现状分析、数据模型设计。

用户信息现状分析，既要分析已有的用户注册流程和平台、用户细分维度、用户数量、用户特征，又要分析会员来源、注册权益、注册操作标准、接触点（线下渠道的接触点有企业的品牌体验店、专卖店、加盟店、商超店以及品牌营销使用的其他传统媒体平台，线上渠道的接触点有企业的官网、电商、社交媒体、品牌社区、会员俱乐部、搜索引擎等）、相关平台等。

会员数据模型设计，不仅需要根据会员数据分析需求进行规划，而且需要根据大会员数据体系来确定不同平台和不同范围的会员数据的所有权、管理、业务使用、接触和分析权限，并加大力度进行大数据的质量管理，还要以渠道、合作范围为中心，努力让大会员实现微信、微博等 SNS 社交化，实现线下沙龙和线上社区的社区化，想方设法地把积分发展为虚拟币以便进行金融化。

补习 O2O 的业务

2015 年 9 月 14 日，外媒体透露，中国搜索服务行业的龙头百度正在向时下热门的 O2O 领域发展，为消费者提供衣物清洗、门诊挂号以及厨师上门等服务。虽然这一发展目标并未得到证实，但是百度加大力度投资 O2O 业务，确凿无疑。在不久前的百度年度大会上，李彦宏明确表示，大量投入 O2O 领域，甚至不惜牺牲当下的利润为代价。他决定进军高频服务领域，如快餐、电影票、汽车等。百度投资的糯米网已经成长为中国团购市场知名本地生活消费平台，并承诺在接下来 3 年对糯米网投资 200 亿元的巨资。从他的讲话中，我们可以看出他是把 O2O 当成了公司发展的首要任务。他也明确了百度的转型方向。他接受外媒采访时表示："实际上，我们将把这家向消费者提供信息的公司转变为向用户提供服务的企业。"他还表示百度 O2O 业务营收迟早会超过搜索业务。可见，他对 O2O 业务发展充满了信心。

洞察力敏锐的互联网大佬百度开始投入巨额资金补习 O2O 业务，这暗示了 O2O 乃是大势所趋，其他企业更要立即行动起来补习自己的 O2O 业务，否则就会落伍。O2O 业务包括四大内容，即社交矩阵、终端 O2O、统一会员数据、大会员运营。

第一，社交矩阵

企业为了满足各级组织部门和渠道的众多使用需求，为了有效支持全渠道的消费者互动、营销，需要搭建由微博、微信、品牌社区、贴吧构成的企业社交矩阵。大部分企业虽然已经开始建设社交平台，但是只是重视媒体属性的微博和微信订阅号，渠道社交平台和功能型社交平台基本一片空白。社交平台建设尚需加大力度，具体措施就是要建立总部社交矩阵和区域社交矩阵。

总部社交矩阵的主要功能是品牌传播和官方互动，辅助性功能是统一性的服务功能和用户识别等系统功能，包括微信服务号、微信订阅号、官方微博。

区域社交矩阵的主要功能是在线销售强应用服务，辅助性功能是社交互动、品牌传播的综合矩阵功能。

第二，终端 O2O

终端门店在企业向 O2O 转型过程中起着至关重要的作用，企业需要高度重视终端门店，还需要把大会员体系的需求转变为 O2O 转型的核心需求。由于 O2O 的体验大多需要在终端门店进行，所以，企业要重视终端 O2O。只有终端 O2O 场景才能实现实体体验和虚拟体验的融合，才能将会员的需求转变为虚实相融合的会员 O2O 场景。

第三，统一会员数据

统一会员数据最重要的目的是为了统一和唯一识别全渠道客户数据，基于此可以达到社交账号接入、集中管理控制、跨平台识别、体系开放等目的。统一会员数据需要得到"ID+ 平台技术"的全力支持。统一会员数据主要为完成 5 种工作：统一会员数据平台标准设计、存量数据导入、数据报表开发、数据对接规划与实现、查重与合并策略设计与实现。

第四，大会员运营

大会员体系上转化价值的关键环节就是大会员运营。大会员运营可以推动用户再次购买，可以进行数据精准营销，还可以根据积分通用性提升后的会员积分央行模式（即中央银行运作模式，可提高货币政策的调控效果。国家不断改善中央银行运作模式，使货币政策有了 3 方面的变化。**其一，增强独立性；其二，实行责任追究制；其三，提高透明度**。其中，责任制是独立的一种平衡机制，透明度是实行责任制的必要条件，透明度还能够增强货币政策的有效性）进行有效的补充。大会员运营包括两个主要内容：一是核心运营模式，二是会员积分体系。核心运营模式有 4 个要素，即大会员生命周期、用户画像、社交互动、事务复杂处理。会员积分体系有 3 个要素，即通用积分、积分发行权、积分金融化。

企业只有熟悉 O2O 的业务，才能设计出适用的 O2O 设计方案。

🖱 了解 O2O 的系统

众所周知，京东凭借给力的物流在众多的电商平台中脱颖而出。京东进军 O2O 领域，建设自己的 O2O 体系，就是得益于物流的强有力支撑。业界有这样一种说法，自建物流体系就是京东 O2O 的王牌。

的确如此，京东的 O2O 战略着眼点在信息系统和物流体系。京东零售业 O2O 战略发布会上，京东与快客、好邻居、良友、美宜佳等上万家便利店以及 ERP（企业资源计划系统）服务商进行 O2O 合作，旨在打造 O2O 开放物流采购金融体系。从此次战略发布会上，我们也可以看到，京东的 O2O 闭环就是流量（商城、微信）→ LBS（地图）→门店（ERP）→物流（2 万物流大军）→用户。京东 O2O 还与社交、地图、搜索、本地生活服务等主流平台进行战略合作，为京东 O2O 体系带来流量。手机 App 也是京东 O2O 体系的重要组成部分，2015 年 3 月"京东到家"App 正式上线，进一步促进了京东 O2O 闭环。京东不断地强化自己的 O2O 体系，来提高自己在 O2O 领域的竞争力。

从京东探索 O2O 的经验中，我们可以发现，企业要打造自己的 O2O 系统，首先要了解 O2O 的系统，方可胸有成竹地建设自己的 O2O 系统。

O2O 的系统主要包括 SCRM 平台、终端业务平台、O2O 应用中心。

SCRM 平台是支撑社交矩阵管理的系统，其主要功能是实现大会员运营规划和支撑后续的 O2O 场景。SCRM 平台的重要用户是企业集团总部和区域公司。SCRM 平台还可以管理社交账号，就是集中管理企业的众多账号。

终端业务平台。虽然企业具有一些终端门店业务平台系统，例如，SCM（供应链管理）系统、POS（销售终端）系统、DRP（灾难恢复计划）系统等，但是从大会员体系的角度出发，这些系统在空间优化上面还存在功能不完善、信息共享少等问题，需要加大力度优化。终端业务平台的重要客户是专卖店和渠道终端等。终端业务平台主要包括移动应用平台和门店终端应用平台。

移动应用平台主要包括两种：**一是导购 App**，企业提供简单的 App，让导购在货架前就可便捷地识别会员、接触会员、促成会员下单、与会员简单互动、进行自主促销；**二是消费者 App**，它可是企业 O2O 的好工具，不仅可以为消费者提供一站式服务，而且可以为企业的终端门店提供流量引导和更多的接触点，还可以为企业提供自有的消费者蓄水池。

门店终端业务平台包括四大模块。**第一，会员管理模块**。它是门店终端业务平台的核心模块，具体包括门店级的会员权益服务、会员全渠道接触、会员信息资产管控、促销活动。**第二，零售模块**。在以 POS 系统功能为主的基础上，进一步增加大会员体系中的定制服务、订单全流程可视化功能。**第三，营销管理**。它主要为终端 O2O 场景提供支持功能，增加了全民营销的升级功能"虚拟店铺"，此功能可以满足导购非工作时间销售、跨库存销售等需要。第四，库存管理模块。在维持现有的标准库存管理的同时，不断完善库存共享和分配功能，为配置虚拟店铺打基础。

O2O 应用中心是利用营运中心的场景、营运活动方式来实现 O2O 场景。它有 3 个主要功能，即优惠券功能、全民营销功能、众筹功能。其中优惠券功能一方面可以为终端提供丰富的促销手段，另一方面可以有指向性地为终端导流。优惠券功能主要有 3 种模式，即活动奖品模式、现场优惠券、抢红包模式。

企业熟悉 SCRM 平台、终端业务平台、O2O 应用中心的模式或功能，才算得上真正了解 O2O 系统。

掌握 O2O 的运营

2015 年 8 月 28 日，家居企业特力和乐正式推出了 O2O 业务，并在京东平台上运营。首先，它进驻京东平台，推出一系列促销活动，并于 8 月 28 日至 9 月 3 日期间，举办特力和乐京东旗舰店开业大促销活动，活动内容包括满 199 元减 50 元，每日一款产品秒杀，10000 件 9.9 元单品等。接着，它将在京东 PC 端、微信端、移动客户端同步开店，既销售线上授权品牌，又销售自有品牌。特别令人惊喜的是，企业入驻当日起，用户在京东商城下订单，第一时间会被推送到最近的门店或者仓库，于是，京津冀、江浙沪、成都地区的订单便可实现第二天送达。为了吸引用户参加该次大促销活动，特力和乐会把在特力和乐京东旗舰店下单的用户自动升级为会员，使其享受积分权益。特力和乐还将陆续推出"门店退换货""线上下单、门店就近配货""线下扫码、京东配送到家"等服务。特力和乐进驻京东，将全面打通电商、微信、线下门店，让用户通过门店体验商品、利用微信随时获取商品信息，最后通过京东得以一键购物，享受便捷、优质的配送服务。

家居企业特力和乐进行 O2O 的运营，会让消费者获得更优质的购物体验。这必将提高其品牌知名度、促进其产品的销量。这也是所有企业不遗余力地实现 O2O 运营的动机。

企业要设计适合自身的运营方案，不能不掌握 O2O 运营。企业落实 O2O 的时候，需要设计 O2O 的运营方案。企业要想掌握 O2O 运营，需要弄清楚 O2O 运营方案的要点、O2O 运营的八大部分、O2O 运营管理等方面。

1. O2O 运营方案的要点有 5 个

第一，定位。运营方案的定位不能放在电子商务上，而应该放在平台、服务、数据上。第二，切入点。运营方案的切入点有大会员、人人营销、社交互动、优惠券等。第三，O2O 规则。运营方案一定要建立企业的规则，例如，线下整合的规则、线上线下融合的规则等。第四，粉丝培养。运营方案一定要重视粉丝培养，探究粉丝互动的方法。第五，核心。运营方案要把关注点放在客户体验和提升客户体验的 O2O 场景上。

2. O2O 运营的八大部分

第一部分，电子商务体系。它包括平台电商、自有电商、（全渠道）统一服务体系、订单引流（订单管理系统，主要功能是接单分单）。第二部分，移动互联体系。它包括个人微店、移动 App、移动电商、移动购物。第三部分，大数据营销体系。第四部分，全渠道会员体系。第五部分，商务电子化体系。第六部分，传统渠道体系。第七部分，传统供应链体系。第八部分，运营原则。运营原则共有 4 条：第一条，服务原则，即服务线下、服务零售终端；第二条，系统原则，即严格根据系统规则执行；第三条，准入原则，即通过遵守规则来保证数据的准确性；第四，平台原则，即将用到的工具、资源、应用云平台化。

3. O2O 运营管理

企业实践 O2O，除了运营方案，还需要有效的运营管理。O2O 运营管理分两大块，一是系统运营管理，二是业务运营管理。

系统运营管理包括 5 方面的内容，即产品平台、二维码平台、结算平台、配单平台、物流平台。

业务运营管理包括 7 方面的内容：（1）信息技术，即需要支持的信息技术手段；（2）运营手册，即 O2O 运营手册、培训、操作规划等；（3）业务流程，即物流流程、订单管理流程、O2O 场景、活动等 O2O 相关的流程；（4）组织结构，即建立与 O2O 相对的部门，包括社交互动、数据分析、会员运营等；（5）渠道培训，指做好外部渠道转型培训和内部培训讲堂计划，培训的课程包括 O2O 场景应用、运营管理、渠道人员意识转型等；（6）平台构建，即 O2O 会用到的平台搭建和部署；（7）人才储备，即通过内部培养、外部引进、高校储备等方法，快速储备 O2O 人才。

只有掌握 O2O 运营，企业制定的 O2O 设计方案才经得起实践的检验，才能解决 O2O 实践中的问题。

O2O 落地实施

企业 O2O 转型需要经历一个漫长的过程，根本不可能在一朝一夕完成。为此，企业需要分阶段来实施 O2O 落地方案。第一阶段，商务电子化；第二阶段，运营精细化；第三阶段，更加注重用户体验；第四阶段，口碑助推营销；第五阶段，做更加开放的 O2O 平台。大多数企业尚处在商务电子化的初级阶段，只有少数企业刚刚步入了运营精细化阶段。例如，滴滴、快的合并之后，开始步入了运营精细化阶段。可见，O2O 落地实施任重而道远。

商务电子化

在商务电子化阶段，对于大多数企业来说，需要下工夫补习商务电子化。传统企业转型的第一步就是要使自己的商务变得电子化，这犹如万丈高楼的地基，不仅不能少，而且要扎实。企业在商务电子化阶段需要完成 7 个目标，即门店数字化、导购数字化、库存数字化、订单数字化、会员融合、促销融合、供应链融合。

只有企业的商品、订单、库存、会员数字化，才可以在 O2O 场景中得以跳转、转化；也只有企业的门店、导购数字化，才可以在 O2O 场景中进行来源识别，进一步识别从线下向线上导流的场景中电商业绩的来源，最后进行有效激励。

在会员卡方面，传统企业虽然拥有数量不少的会员卡，但是存在很多问题，就是线下业务不同门店或渠道有会员重复注册的情况，比如用户到企业的两个线下门店的距离差不多远，就会同时注册企业的这两家门店会员。当线上渠道出现后，企业识别会员来源就很困难。所以，企业需要整合线下、线上会员资源，促进线上线下资源融合，最终实现会员 ID 的唯一性、统一性，也就是说，一个会员只有一个 ID，线上下线下都用这一个 ID。这是传统企业在商务电子化阶段要完成的基础工作之一。

企业还需要进行库存数字化、供应链融合。O2O 场景中的库存要实现扫码就能看到真实库存，就需要线下的实时库存信息支持。如果没有实时库存信息，扫码就会出错，客户体验就会大打折扣。供应链融合就是指加大力度促进线下物流和配送与线上物流和配送的融合，这样可实现物流数据可视化，用户就可以在网上随时查询货物的物流状态。

运营精细化

2015 年中国房地产产业链主题峰会暨第十六届 CIHAF 中国住交会的"中国商业地产 O2O 创新峰会"环节上，朝阳大悦城研策部总监李英伟跟在座的众人分享了朝阳大悦城 O2O 运营的成功经验。他表示，O2O 考验的就是实体零售精细化运营的能力。

的确如此，O2O 企业经历了粗放式的跑马圈地，终究要朝着精细化阶段发展。只有精细化的运营才能提供个性化的服务、更优的购物体验。在运营精细化阶段，企业需要完成两个任务和 6 个目标。两个任务就是指对 O2O 方案的相关要素分级和分类。分类和分级有本质区别，分类是基于营销属性、特征等进行分群，为了容易找到。例如，企业可以根据年龄对用户分类，就可以快速找到自己的目标用户。分级则是基于水平、价值、重要程度进行排序，为了进行优先级排序。6 个目标分别是人员分级分类、渠道分级分类、客户分级分类、服务分级分类、产品分级分类、权益分级分类。

由于不同的群体对渠道的类别有偏好，人员的技能水平也有差别，所以，企业需要对终端渠道、人员进行分级分类。企业需要先根据不同的服务水平协议来区分，接着对渠道和人员进行差异化，最终使不同的客户群体获得更适合他们或他们更喜欢的组合。例如，让优质客户群体获得专卖店和技能水平一流的人员服务。

要实现企业精细化运作，对客户分级分类十分重要。客户分级分类的目的就是要找到核心客户，即细分出价值更高、重要程度更高的客户。企业还可根据营销属性对客户进行分类。企业对客户分级分类的意义是，可以让不同的客户获得不同的产品、服务、权益等组合，从而满足不同客户的个性化需求。

接下来，企业还要进行服务分级分类、产品分级分类、权益分级分类。这样做的意义就是可以使不标准的产品、服务和权益标准化、量化，即服务、权益都可以成为产品，成为可配置和匹配的产品。

更加注重用户体验

点餐 O2O 企业犹如雨后春笋般冒出，饿了吗、淘点点、点餐网等点餐平台也做得风生水起，于是，吃货的眼里再也不只有美团和大众点评。这些 O2O 点餐平台之所以受到消费者的青睐，是因为它们有一个共同之处，就是更加注重用户体验。点餐网负责人抓住了餐饮的关键点，即用户体验，认识到了餐饮从预订、餐具配备再到上菜等，越简单、越快捷才能越受到客户的欢迎。餐饮是一种即时服务行业，点餐网为了创造极致的用户体验，基于不同城市、不同服务等标准将自己的服务划分了几大板块。这样用户可以通过 GPS 定位选择距离自己最近、最喜欢的餐厅。只要用户下单，平台上最近、最合适的餐馆就会立即响应，并在最短时间内将新鲜的食物送到用户跟前。它还不断地提高平台的使用流畅度，即使在用餐高峰期，点餐网也能以秒速响应用户。点餐网还开发了让用户随时随地可点餐的手机点餐 App，让经常在外奔波的人也可以轻松点餐。它还精选了优秀的餐厅，并给用户提供实惠的价格。点餐网为用户打造出了更加优质的用户体验，提升了优秀餐厅的效益，从而受到了众多用户、餐饮商户的喜爱，最终在点餐 O2O 市场中站稳了脚跟。

O2O 业界也流传着这样一句话：客户体验决定成交率。的确如此，试想，如果所有的 O2O 产品、O2O 服务的用户体验很差，用户还会来买单吗？还会二次购买吗？显然不会。可见，用户体验逐渐成为了营销的重心。在 O2O 模式中，我们都强调要打造极致的用户体验。只有用户体验好，用户才会成为企业的忠实用户，反之，你发红包也留不住用户。总之，企业要不遗余力地做好用户体验。

企业要不断优化用户体验，就需要把握 5 个要素：客户接触点、消费状态、生命周期、个性化需求、现场体验，并要把客户接触点、消费状态、生命周期阶段结合起来，在此基础上进行体验场景设计。

我们在前文提及过，体验的主要阵地在线下，所以毫无疑问，线下的 O2O 体验店是提供极致用户体验的重要场所。要想打造极致的用户体验，企业就需要用移动互联网新技术不断地升级体验店，为体验店配置免费的 Wi-Fi、微信签到、NFC 识别等，这样才可以打造出社交化、数字化、游戏化的 O2O 用户体验，持续吸引用户。

企业的 O2O 场景要提升用户体验，决不能忽视用户的个性化需求。企业在用户习以为常的促销的基础上，打造一种融合新技术、满足用户个性化需求的 O2O 场景，才有可能提供给用户惊喜的用户体验。

最后强调一下，O2O 用户体验阶段一定要以人为本，为此，企业在此阶段需要利用渠道的大会员体系不断地采集用户信息、管理生命周期各阶段、分析接触点、了解用户的个性化需求，并努力满足用户的个性化需求，才能最终设计出极致的用户体验场景。

口碑助推营销

"口碑为王"历来被视为经营的真理，O2O 企业同样需要口碑助力。口碑是一种具有魔力的营销手段，它最大的特点就是能在强关系人群中获得有巨大影响力的传播。口碑，顾名思义，就是"众人口头上的称颂"。

企业进入口碑助推营销阶段，也就是进入了 O2O 社交阶段，此时要更加注重信任关系。众所周知，每一个人的背后都有好友、亲戚等社会关系。所以，企业在此阶段不仅要重视眼前的个人，还要重视其背后的社会关系。个人的社会关系包括线下的亲朋好友、微信好友、微博好友等，这也就是我们常说的社会资本。企业莫不想利用个体的社会资本来推动营销，这就需要企业在客户体验的时候就要部署好口碑分享的模板、内容、动作按钮，以避免客户自己费时费力地制作，方便用户点击一下按钮就可实现在微博、微信好友圈、微信群等社交工具上分享口碑。

企业想通过口碑助推营销还可以建立平台，吸引粉丝到平台上做自媒体，持续地生产内容，并吸引其他粉丝和用户关注自媒体、与自媒体互动。这样可以增强用户之间、用户与品牌之间的关系，可以提高用户的黏性，为口碑营销打下坚实的基础。

更加开放的 O2O 平台

当企业的 O2O 做到极致的时候，就会自然地进入开放平台阶段。纵观知名的 O2O 平台，大多是开放的。比如滴滴快的就是一个开放的出行平台，大众点评美团是一个开放的餐饮类平台，58 同城是一个较开放的本地生活服务平台，等等。企业之所以要做更加开放的 O2O 平台，是因为自身的资源有限，需要海纳百川，不断地丰富自己的平台资源，才能为用户提供更极致的服务，才能为用户打造超预期的客户体验。

企业的 O2O 平台要为自己的用户和粉丝服务，还需要为更大范围的用户、合作伙伴服务。例如，企业利用云服务整合自己的渠道终端，以大数据平台为终端，来服务商户和合作伙伴，利用专业的服务品牌来整合服务网点，并为合作伙伴提供服务，等等。

企业开放平台的思路很多，其中不错的有两个：**一是把大数据平台的数据能力开放给终端，二是把解决渠道终端（或门店）痛点的服务工具、系统工具开放给终端**。企业要打造更开放的 O2O 平台。首先，要根据自身的优势和资源打造会员系统平台、微信商城系统平台、O2O 系统平台、大数据平台；其次，进一步与终端的需求定制有效融合；再次，进一步利用云服务的模式向终端（或门店）应用开放平台；最后，使系统平台、大数据平台、企业、终端（或门店）形成有机整体，即共处在一个生态之中。

企业打造更开放的 O2O 平台需要增加外部合作伙伴，还需与异业合作伙伴结盟。此举的好处显而易见：一是可以成立积分联盟，可以在联盟内部使用联合虚拟币、联合积分、联合礼品。二是可以成立 CPS（价值转化）联盟，可以在联盟内部实现流量分享、互相转化；当转化成功，还可以贯彻返利和 CPS 返佣机制。

开放平台将会实现多个品牌联合，品牌联合最终将会用公益、慈善、社会责任等更高层次的元素来凝聚，而不再通过单个品牌来聚合。

越来越多的 O2O 平台企业开始重视平台的开放性，并声称自己的平台是开放平台。比如 O2O 生活服务平台大众点评，推出首个开发者平台"大众点评开发者平台"，并对外开放，已经开放的内容包括团购、商户点评、优惠、商户信息等内容，未来将陆续开放商户预订、电子会员卡等服务，旨在与开发者探索更多合作的可能性。意味着 O2O 平台开放是发展趋势。所以，企业要把自己的 O2O 平台打造成更加开放的 O2O 平台，方可获得更丰富的资源、更多的发展机会。

第 8 章

传统企业如何用 O2O 完成 "互联网 +" 的转型

面对"互联网＋"转型浪潮，传统企业异常焦虑，一是担心被互联网企业所取代，二是没有现成的路可走。传统企业用 O2O 转型的方式方法有很多，目标却只有一个，就是要利用 O2O 促进线上线下不断融合。只要方向正确，迟早会到达目的地。传统企业只要坚持这个目标，掌握转型的要点，就会逐渐完成"互联网＋"转型。

"互联网＋农业"：农村电商的升级之路

越传统的企业，向"互联网＋"升级的空间就越大。农业是一个老得掉牙的传统企业，与"互联网＋"技术撞出了耀眼火花，催生出了"互联网＋"农业的新模式，为农村电商的发展打下了基础。"互联网＋"农业，促进了农村城镇化的发展，高效整合了产业链条，被誉为"农村电商的升级之路"。

城镇化发展，资源趋向整合

"互联网＋"对传统行业的改造是不会停止的，所有的传统企业都会被互联网化，古老的农业没想到这么快就成为了被"互联网 +"改造的对象。俗话说，福祸相依。这对于农业来说，也是一次发展的良机。

农业向互联网 + 升级与转型，会涉及产业的升级和城镇化改革。需要提醒的一点是，农村产业的升级和城镇化改革并不是简单的互联网化，而是有明确的目标，就是能促进农民增收、农业发展、农村稳定，这与"三农"的目标不谋而合。遗憾的是，"互联网 +"改造农村长期效果微乎其微，因为农村的生态系统比其他产业的生态系统更复杂，单纯的农村电商改造农村经济非常困难，农村电商并不是"互联网 +"农村的解决方案，而要成为"互联网 +'三农'"的解决方案，"三农"所需要解决的问题，农村电商都应该考虑到。农村电商最起码的一点是要具有 58 同城那样的本地生活服务功能。农村电商首先要推动农村城镇化发展。农村城镇化发展的目的是实现农民增收、农业发展、农村稳定。这就需要刻不容缓地去整合农村资源。

其实，国家之前实施过整合农村资源的措施，农村社区化就是典型的代表。农村社区化一方面可以整合农村的劳动力资源（农村社区化就是把附近的几个村子合并成一个社区，相当于把这些村子的劳动力资源集中起来了），另一方面可以整合农村的土地资源。土地资源整合起来的好处就多了，可以招商引资建立养殖场、工厂，可以建立生态种植基地，当地的农民工就可以在这些大型的养殖场、工厂、种植基地找到工作、挣钱、养家。毋庸置疑，这就可以促进农村城镇化发展。虽然这个政策没有继续实施，但是它成为了农村发展的重要方向。

农村资源不整合的弊端显而易见——只能分散式经营，严重阻碍了生产效率、农作物产能的提高。如果我们把农村的田地资源加以整合，使之形成有规模的种植基地、养殖场，就能提高生产资源的再利用和生产效率。

此外，农村资源的整合，正是当前城镇化的一条规划路线。现在农村劳动力资源越来越少，一些农村孩子进城买房居住，一些农民长期在城市打工，于是，农村家庭的劳动力越来越少，种植不了很多农田，饲养不了很多家禽；甚至出现了一些农民举家变卖田产，跟随子女到城市生活的现象。农村土地资源就得到了自然而然的整合，并出现了上百亩土地的种植大户、中小型的养殖场。由此可见，城镇化的发展可以实现资源的整合，资源的整合反过来又可以促进城镇化的发展。城镇化的发展很大程度上解决了农民增收、农业发展、农村稳定的问题。毫无疑问，城镇化发展就是农村电商的重要升级之路。

阿里"聚土地"，高效整合产业链条

农村电商升级的第二条重要之路就是高效整合产业链条。农村资源得到整合之后，产能大幅提升，满足附近村子农民的日常生活之后，还有很多过剩的农产品，这就面临了销售。然而，农村就是一个完善的生态，本地服务的市场足够大，所以，农民最需要解决的问题不是如何把农产品放在淘宝上销售到全国各地，而是考虑能有就地解决当地农产品、生产资料再分配的平台。

虽然电商巨头们都看好农村电商的市场，但是面对亿万级别的农村电商心有余而力不足，只能刷刷墙而已。因为农村的产业链条太冗长，他们没有办法将供应及需求链条下沉，更没有办法让不懂互联网知识的农民实现团队化运营。

虽然电商巨头们在供应及需求链条下沉方面遇到了障碍，但是他们并没有放弃探索农村电商的发展之路，他们正在探索整合产业链条，促进农村产业升级。目前农村的互联网商业模式有生鲜电商、农产品电商、农资电商等，任何一类型的商业模式都有一定的产业链。在所有的有关农村电商类型的产业链条中，农村资源都位于上游，农村电商产业链条中的商家产品收购、产品直采、产品供给，都需要与农村种植基地密切合作。

做农村电商，不仅要着眼于农民的购物需求，更要重视农民的销售需求。农村是一个特殊的生态，它在农村电商的需求产业链条中位于下游，在最原始的供应产业链条中却位于上游。可见，这是一种双向商业供需模式。在这种特殊的模式中，所有的电商平台做农村电商都会遇到一个巨大的难题，即所需的供应链链条太长，不容易下沉。电商平台经过不断地研究，发现要想解决此难题，就需要搭建本地化的电商和服务平台与农村电商对接。

尽管农村的商业生态很复杂，但是它具有巨大的发展潜力，所以电商巨头们知难而上地进军农村电商市场。显而易见，电商平台高效整合产业链条，既可促进渠道下沉，又可以提高农村居民的生活质量、进一步丰富农村生态。

电商巨头阿里巴巴率先实践农村电商，推出自己的"互联网＋农业、农村、农民"战略，并推出"聚土地"项目落实该战略。聚土地，就是把分散的农业资源与电子商务相结合，把农村分散的小农种植模式与时下盛行的互联网众筹模式相结合，从而促进了土地流转，盘活了农村闲散的资源，把分散的土地聚集起来。在聚土地项目中，农民是股东也是农业工人，农民的收入有土地租金，还有认购用户支付的工资以及未来的分红。

阿里巴巴的聚土地项目总共推出了三期。聚土地第一期于 2014 年 3 月推出，阿里巴巴整合了安徽省绩溪县 1000 亩良田，并把这些良田根据面积划分为 3 种套餐，第一种套餐是一分良田，认购价为 580 元；第二种套餐是半亩良田，认购价为 2400 元；第三种套餐是一亩良田，认购价为 4800 元。每种套餐都规定了农作物的固定配比，比如水果、蔬菜、粮油，但是认购的用户可以自行选择具体的种植品类，水果中可以选择苹果、橘子、杨梅，蔬菜中可选择西红柿、青椒、豆角、油菜等，粮油类中可以选择芝麻、麦子、大豆、玉米等。用户认购良田之后，专业农户负责种植、看护良田，并每半个月把成熟的农产品快递给认购用户，这样用户就可以吃到放心新鲜的农产品。该活动受到了广大用户的喜爱，推出第一天，预约认购的用户就超过了 2500 人。

聚土地第二期于 2014 年 9 月 30 日正式推出，有 8 个城市同步上线，分别是安徽芜湖和绩溪、浙江诸暨、江西婺源、海南三亚、重庆巫溪、北京延庆、吉林通榆。聚土地第二期不仅城市增多了，农作物的品种更丰富了，用户的特权也更多了，不仅可以享有认购土地上的新鲜农产品，还可免费参观农场。

聚土地第三期项目利用大数据技术，选择了消费者最需要的 3 类农产品，即黑龙江肇源生态米，山东栖霞苹果，以及浙江深山放养的土鸡和鸡蛋，从而盘活了黑龙江过 10000 亩良田、山东近 20000 棵苹果树、浙江超过 8000 只深山散养土鸡，让城市的消费者有机会吃到新鲜的农产品。该活动中，消费者只要提前支付，就可以享受到新鲜的农产品。比如用户想吃到新鲜的黑龙江肇源生态米，只要支付 580 ～ 4580 元，便可在 2015 年 11 月至 2016 年 10 月，每月收到来自黑土地寄来的生态米。这些米都经过当地质检检验，用户还可以到自己认购的土地上巡视收成。假如用户选择苹果，最低预付 39.8 元，就可与其他 9 人共享一棵苹果树，也可以预付 388 元包养一整棵树，然后等着吃新鲜苹果。

聚土地项目针对农产品生产周期和产业链较长这一特点，高效整合了农村产业链条，打造了聚土地这一电商平台，让农民、土地与消费者得到了有效对接，大幅缩短了产业链条，如图 8-1 所示。

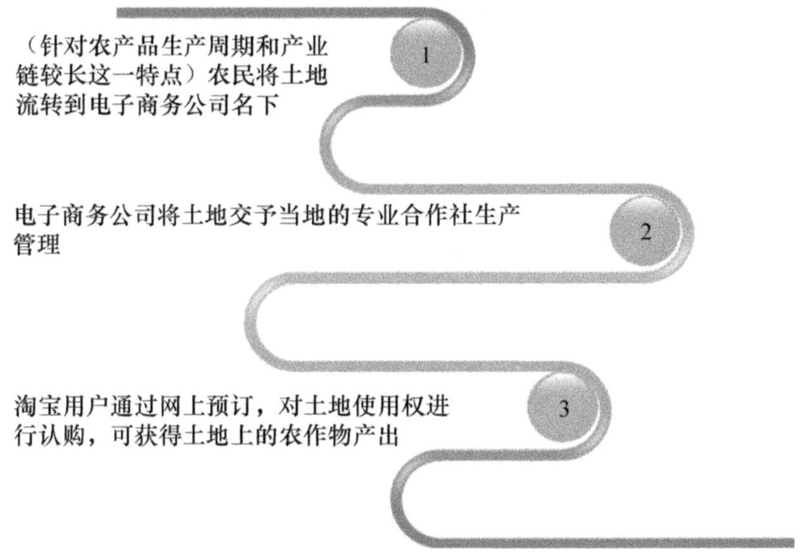

图 8-1　聚土地中的产业链条

做农村电商，最重要的一环是产业链条，要高效整合产业链条，努力缩短产业链条，才能促进农村产业升级。

"互联网＋家电维修"：O2O 才是出路

随着电商的全面普及以及移动互联网的快速发展，"互联网＋"战略浮出水面，各行各业与互联网融合成为大势所趋。家电维修在发展中遇到了发展瓶颈，家电维修黑幕层出不穷，头痛医脚、费用繁多、修好修不好都收费，甚至打个电话叫来的是"山寨维修"。几乎每一个家庭都被家电维修员工"宰"过。用户明知会被宰，可是家电出故障了，还得叫家电维修工维修，因为家电维修的技术门槛高，不是谁都能干得了的。家电维修工上门不及时、乱收费、随意抬价、用户一直抱怨的行业现状严重影响到了家电维修业的发展、乃至家电商家的发展。家电维修行业迫切需要互联网改造，提高其透明度，消除令用户心烦的黑幕。

家电维修企业要升级为"互联网 + 家电维修"，首先要深入了解行业现状，找到用户的痛点，找到痛点就相当于找到了机会。其次就是要深入地探讨家电维修的发展模式，找到最合适的发展路子。最后，实现线上线下充分融合的 O2O，提高家电维修的效率、收费透明度等，无疑是"互联网 + 家电维修"最佳的出路。

令人失望的行业现状

据中国质量万里行促进会的研究数据显示，最近几年以来，在所有的投诉中，家电维修是"重灾区"。的确如此，如今家电成为了人们的刚需，家电坏了，就会严重影响正常的居家生活。所以，家电坏了令人很头疼，加之遇到家电维修企业服务差，就会很气愤。提起家电维修，用户就有一肚子的苦水。用户对家电维修企业的不满主要有上门不及时、不明码标价、小病大修等。

在家电维修的过程中，用户往往会遇到服务差、收费高等问题，令用户异常烦心，这与家电行维修行业的现状有关。一直以来，家电维修行业很乱，令消费者失望透顶。用户在家电维修的过程中，会遇到一些技术差的维修公司，他们不仅没有能力修好家电，还巧设名目地收费。他们面对用户的咨询，会理直气壮地说，不管能不能修好，他们都会收取"上门服务费""开机服务费"。用户总是很信任他们的技术，就会答应他们提出的不合理要求，请求他们上门维修。那些强调要收取"上门服务费""开机服务费"的维修企业、维修人员，往往修不好用户的家电。结果用户钱也花了，家电还不能使用。你说冤不冤？

有的家电维修企业在用户咨询的时候，先报一个价格，在维修的过程中就会找各种名目加价。结果维修完毕，维修人员算出的费用会比报价高出数倍。用户就会感觉自己被"宰"了，能不生气吗？

有的家电维修企业为了收取费用，故意把小毛病说成大毛病，甚至把不需要维修的地方也更换零件。结果零件费用、维修费用，高得令用户无法接受。用户忍无可忍就会投诉。在投诉的过程中，大多数家电维修企业对用户敷衍了事、甚至不予理睬。难怪用户会烦心。总之，没有职业道德的家电维修企业，为了收费，会想出更多的伎俩。

家电维修企业的这种乱象由来已久，严重损害了用户的利益，阻碍了行业的健康发展，已经到了必须破除的阶段。打破家电维修行业令人失望的现状、扫除家电行业的乱象，不仅需要有关部门制定规章制度规范，还需要与家电维修商面对面接触的广大用户出力。

每个使用家电的家庭用户都有可能需要家电维修服务，一定要了解家电维修的注意事项，避免掏冤枉钱、被欺骗。用户维修家电分 3 个阶段进行，即咨询阶段、维修过程中、维修结束阶段。

在咨询阶段，用户要选择正规的家电维修店，并查看其牌照是否齐全。在咨询的过程中，用户一定要咨询详细的上门费用、检查费用，并考虑到修不好的情况。用户要尽量避免选择路边摆摊的、只有电话无店铺的维修者。

在维修过程中，用户一定要全程监督，并检查维修者提供的零件是否是新的，并保留替换下的旧零件，一定要验收维修的质量和效果。

在维修结束阶段，用户一定要记得向维修人员索取维修发票，并要求维修人员在家电商家的服务单据上填写维修记录，内容要包括家电故障、维修方法、各项维修名目及费用。

最后，提醒大家，不要拨打网上那些提供 400、800 电话的家电维修商。不法的家电维修商往往用这些电话，通过网络招揽生意，并使用废旧的零件、劣质的材料，他们主要维修已经过了保修期限的家电，这样便不会受到家电厂商的追究，当用户遇到家电维修纠纷时，用户就只能独自承担损失了。

家电维修模式探讨

家电维修行业是一个非常传统的行业，也是一个非常落后的行业，它的客户体验相当糟糕，维修不及时、随意抬价、费用名目繁多；行业现状非常混乱，甚至"山寨维修"——用户支付了维修费用家电还是没有修好，并长期存在一种"小坏大修、不坏乱修"的病态。家电维修行业的这些不良现象，与家电维修技术门槛高、信息不对称、从业人员素质有密切关系，迫切需要相关部门与家电企业接入并探讨新的家电维修模式。

究竟什么样的模式才能解决当前家电维修行业令人失望的现状？换句话说，家电维修的新模式要能解决家电维修中消费者的痛点。我们经过探讨，认为合适的家电维修模式要具有 4 个特点，即高效率、可视化、服务全、能回收。

第一，高效率

目前，用户打电话请求维修，但家电维修企业往往上门不及时。家电是人们在家每时每刻都需要的设备，一旦坏了，就会影响用户的正常生活。比如，在夏天或冬天，用户的空调出故障，需要维修，维修人员迟迟不来维修，用户就有可能中暑或被冻感冒；用户的冰箱停止了工作，维修人员半天不来，就会使用户冰箱中的生鲜食物变质，就会给用户造成一定的损失。于是，用户都会要求家电维修工人快速上门服务。所以，新的家电维修模式首先就要求上门服务效率高。家电维修企业要实现维修工人上门服务快，可以基于 LBS 地理位置、工作时间智能推送维修订单，使工程师及时上门服务用户。同时，维修工人积极利用大数据技术来提高故障检测、回收评估的效率，这就可以提高整个家电维修工作的效率，让用户快速地恢复家电使用。

第二，可视化

针对目前山寨维修、夸大问题、不坏乱修的现象，可视化是一个有效办法。整个维修过程实施全程录像，就能最大程度地约束维修工人违规操作，防止其夸大问题随意替换零件、不坏乱修等行为，并能为用户的家电日后发生故障提供真实的参考数据。

第三，服务全

家电维修商要提供更多种类、更多品牌、更多型号的家电维修业务、保养业务，至少要能维修空调、冰箱、热水器、洗衣机等常用的大家电，满足用户的日常生活需求。

第四，能回收

家电都是损耗品，都会有报废的一天。用户觉得家电使用的年限差不多了，不值得维修了，要不当垃圾扔掉，要不贱卖给废品回收的人，这些都存在环保问题。如果家电维修企业与生产商家合作，为用户提供设备回收、产品置换等服务，就可以让用户的废旧家电获得更好的价值，提高了资源的利用效率。

相关部门及家电维修商家探讨"互联网 + 家电维修"的新模式，就要具有高效率、可视化、服务全、能回收这些特点，方可有针对性地解决用户家电维修中的痛点。

O2O 才是家电维修的出路

有关部门和家电维修企业经过探讨，得到了一个共同的观点：O2O 才是家电维修的出路。家电维修是一个非常传统的企业，需要打破行业的壁垒，与更多的企业合作，也就是要与"互联网 +"融合。互联网 + 家电维修有两层含义，一说明家电维修行业发展的模式，二说明我们更应该探讨家电维修行业如何有效地与"互联网 +"结合，为用户提供没有行业黑幕、更好的、更有效的服务，这也体现了互联网 + 最终连接的是人（用户）。这就要求家电维修企业不仅要互联网化，而且还要打通与用户连接的最后一公里的渠道，为用户提供及时的、高效率的服务。我们探讨到了 3 种"互联网 + 家电维修"的模式，都涉及了 O2O 的商业形式。

第一种，维修车模式

这是最常见的 O2O，很多行业都采用这个形式，比如美容业 O2O、汽车后市场（是指汽车销售出去之后，围绕汽车使用过程中的各种服务，它涵盖了消费者买车后所需要的一切服务，如车险、保养、改装、维修等）等行业。我们长期观察这个模式后，发现传统的家电商家受到了电商的冲击——电商的确可以带动家电产品的销售，但是它不是药到病除的良药，仍然无法解决异地家电维修的问题。而现状是，各地的售后维修点一方面数量很少，另一方面乱收费严重，随意抬高零部件售价、维修价格。所以，我们认为移动维修市场很有潜力，又是便民服务，会得到用户的支持，相信它能催生出一个维修硬件的平台，甚至维修硬件的生态。我们还发现这种模式容易操作，不需要很大的投入，商家只需要集中自己的财力、物力，将普通车改装成维修车，并载着维修时会用到的配件，根据用户预约的时间，开着维修车到达小区，或者携带维修工具上门维修即可。

第二种，社区 O2O 模式

家电商家深入社区，在社区设立家电维修中心，方便居民就近维修家电。家电商家还可以与社区的物业公司合作，为用户提供定期上门的检修服务，或者为用户提供电话预约的上门服务。在这种模式中，家电维修的工作人员可以是相关从业者，也可以是家电厂商，但是在人员管理上，务必要有一定的管理机制，来严格规范维修人员的行为。需要提醒一点，我们选择了这种模式，就必须拒绝与第三方维修公司合作，方可避免维修黑幕，促进行业的规范发展。

第三种，第三方代理 O2O 模式

这是一种创新的商业模式。众所周知的中国联保，就采用了这种模式。中国联保是连接家电商家和家电消费者的纽带，它同时服务家电商家和消费者。在该模式中，中国联保一是在线上利用自主研发的下单接单系统为家电商家处理棘手的售后问题，二是为用户提供线上线下的周到服务，包括线上的咨询、线下的上门维修服务，从而真正地帮助消费者解决了家电使用中的故障，并赢得了消费者的信任。

这些模式以及家电维修 O2O 平台的崛起，无不表明家电维修线上线下融合大势所趋，O2O 才是家电维修的出路。家电维修只有走 O2O 的模式，才能消除家电维修的信息不对称，提高维修业务的透明度，才能促进家电维修的可视化、标准化，才能快速实现家电维修行业向"互联网 + 家电维修"升级与转型成功。

"互联网 + 医疗"：让医疗健康变得简单

"互联网 + 医疗"可以实现医疗资源的合理配置，可以节省人们的就医时间，可以节省人们的就医成本，极大地改善了长期以来人们就医难的现状。使用过互联网 + 医疗的用户，都深有感触地说："'互联网 + 医疗'，让我们享受医疗健康服务变得更加便捷、简单。"

医疗健康为什么广受关注

妇孺皆知，医疗健康关乎民生。上至国家，下至平民百姓，都非常关注医疗健康。一直以来，国家高度关注医疗健康领域，把医疗视为国家的民生，不断地推动医疗改革，不断地加大医疗事业的投入。数据显示，2014 年，卫生事业的投入实现了两大突破，一是全国医疗卫生支出超过了 1 万亿元，二是中央财政医疗卫生支出逾 3000 亿元。老百姓常说，有啥也别有病，没啥也别没钱。老百姓最大的愿望就是身体健康。一旦生病，普通百姓本来拮据的生活就会雪上加霜。而且，看病买药一直很贵，大多数百姓承担不起。

长期以来，人们在医疗健康方面的需求尚未得到满足。人们被看病难、看病贵所困扰，很无助。看病难的社会事件层出不穷，并成为了社会关注的焦点。看病难主要体现在 3 个方面。

第一，挂号难

医院一般 7 点开始挂号，但是到了 8 点专家号就一号难求，普通号也很紧张。一般的老百姓不敢去医院，等来到医院都病得不轻，希望找个专家对症下药、快点看好，尽快上班挣钱，这个愿望却很难实现。

患者家属李先生凌晨 5 点到某二甲医院挂专家号，医院挂号大厅的挂号者已经排成了几十米的长龙。结果毫无悬念，他没有挂到专家号。为了挂到第二天的专家号，他父亲吃完晚饭就来到了医院大厅排队，排了整整一宿才挂到了专家号。朋友的姐姐生的第一个孩子有遗传病，希望第二胎能生一个健康的孩子，便从农村来到北京协和医院，结果连续 3 天挂号都没有挂到，因为挂号都快折腾出病来了，最后只好放弃。

众所周知，挂不上号就不能看病。很多患者的家属在挂号环节就快被折磨成为病人了。相信很多人遭遇过挂号难的问题。

第二，每一个环节都要无休无止地排队

门诊、检查、取药没有一个环节能让病人痛快的。据调查显示，约 70% 的患者认为医院应该减少用户排队等待的时间。众所周知，优质的医疗资源往往集中在大城市。于是，很多患者都到城市的医院来看病，这进一步加剧了看病难的问题。医院人满为患，挂号、缴费、就诊、取药等每个环节要排队等候。北京大兴的刘阿姨腰椎间盘突出，到协和医院采取保守治疗。于是，她每周都要去医院复查，每次都要挂号，令她苦恼的是，每次排队挂号的时间是就诊时间的数倍，她复诊的过程十几分钟，挂号排队的时间每次都会超过 1 小时。几乎每一个到大医院看病的患者都有过刘阿姨这样的经历。

第三，看病贵

很多患者无不感慨：医院看病太贵了，挂号费、检查费、药费等，真的让人吃不消。挂号费约 10 元，检查费几十元（不是每次都做，但是第一次检查总是难免），药费也很贵，动不动就上百元。最奇葩的是，某患者一次口腔溃疡，就开出了近 400 元的药；一个慢性咽炎，就开出 200 元的喉镜检查费用。

现实就是这样，患者有时不仅要多花冤枉钱，还得不到好的医疗服务，更有可能用错药，延误了最佳治疗时机。可见，人们渴望解决挂号难、看病难、看病贵的难题，还需要等待很漫长的时间。

医疗健康是事关人命的大事，又是"刚需"，很多网上医疗健康平台与线下医院融合，推出患者与医生线上交流、线下看病的 O2O 医疗健康项目，立即受到了社会的高度关注。在医疗健康的 O2O 平台上，患者可以在线上了解自己的病情、挂号，然后到线下的医院就诊。显而易见，这种模式让人们挂号再也不用排队，并缓解了人们挂号难的问题。

"互联网＋健康"是医疗 O2O 落地的最终目的

医疗健康是一个性命攸关的行业，它的互联网化比"互联网＋金融""互联网＋交通""互联网＋餐饮"慢多了。但是，挂号难、看病难、看病贵一直以来困扰着广大群众，已经让他们忍无可忍了。一些洞察力敏锐的互联网企业发现了人们的医疗健康痛点，并尝试用互联网 + 技术促进线上的医疗健康与线下的医院、药店融合，打造炙手可热的 O2O 模式，帮助医院提高医疗效率，改善人们的就医困难。

现在人们的经济水平提高了，医疗健康观念也发生了巨大变化，由原来的只治疗不预防变为了重在预防，并对"互联网 +"技术改变行业高度认可。这让"互联网 +"医疗有了发展的沃土，让医疗 O2O 模式落地有了保障。

据调查显示，患者对"互联网 + 医疗"的看法是"多一种渠道、多一种选择总归是好的"。的确如此，有了医疗 O2O 平台，若有小毛病就可以不用去医院了。这为患者就医带来了便利。现在不少互联网医疗平台都与医院、药店合作，建立了 O2O 平台，可以承担医院的一些业务，比如预约挂号、咨询、开药送药等。挂号网、百度医生就是排头兵。他们直接与医院合作，建立了医院与患者线上交流、线下看病的 O2O 平台，患者可以通过线上了解症状、病情、挂号等，线下再到医院看病，也省去了排队的麻烦。同时，患者还能在网上了解众多医院信息，选择最适合自身病情的医院去看病。医疗 O2O 使医院、医生、药店等资源得到了对接，极大地改善了人们的就医体验，降低了人们的医药费用，让人们挂号更容易。

医疗健康界人士都很重视互联网 + 健康，他们都很关注互联网 + 医疗落地。为了弄明白互联网 + 医疗如何落地，业界人士一起举办了"2015 中国互联网大会·互联网医药健康论坛"，并达成了一致的认识。他们认为，推进"互联网 +医疗"可以构建出新的医疗生态，"互联网 + 医疗"不会颠覆传统医疗行业，相反，可促进传统医疗行业升级，他们还一致认为，"互联网 + 医疗"应该把医疗 O2O 模式（即线上到线下的模式）纳入到医疗行业的全链条中。的确应该如此，长期以来，医疗资源很不平衡，优质的医疗资源都集中在大城市的几所大医院中，于是，大医院往往人满为患。那些真正需要治疗的患者却得不到及时治疗，而人口聚集的社区医院医疗设备、优秀医生都很匮乏，广大的农村医疗资源更加匮乏。久而久之，人们都不愿意到社区医院、农村的医院看病了。我们急需整合有限的医疗资源，才能真正地解决人们的看病难题。这就需要创新医疗模式。

在 2015 年 7 月 24 日举办的"2015 中国互联网大会·互联网医药健康论坛"上，卫计委体制改革司司长梁万年发表了重要讲话，他表示，互联网将会对医药卫生服务的理念、模式、技术、方法产生重大影响。业内专家也对医疗"O2O"发表了自己的看法：医疗"O2O"不仅仅是单纯把线上用户导入线下，而应是一个完整的服务链条。用户有买药的需求不是为了拥有一包药，而是身体出现了某些疾病症状；不是为了把药吃到肚子里，而是为了治好疾病。基于此，"互联网＋医疗"要构建一站式的服务平台，打造全方位的、闭合的 O2O 链条。在论坛上，大家经过深入的探讨，对互联网＋医疗有了更加深刻的认识：虽然"互联网＋医疗"不断升温，融资顺利，但是尚处在初级阶段，距离成熟阶段还很远。"互联网＋医疗"，在预约挂号、医疗支付、诊疗导航、远程医疗、可穿戴医疗设备方面，还需要不断地加大探索。

我们从该次论坛可以看出，医疗 O2O 与"互联网＋医疗"健康密切相关，医疗 O2O 模式可以推进"互联网＋医疗健康"战略，能促进医院、医生、药企、药店、患者等不断融合。医疗 O2O 能够使患者与医生快速对接，可以使患者有机会从药企拿药，可以节省人们的看病时间、大幅降低药费，可以有效缓解人们长期以来看病难、看病贵的困惑。

当医疗健康领域遇上"互联网＋"，也迅速被"互联网＋"渗透了各个领域，比如挂号、咨询、买药等，催生了医疗 O2O 模式。医疗 O2O 模式让人们挂号变得易如反掌，降低了药品价格，提高了人们看病的效率等，这正是医院、药企、药店、医生等医药资源不断融合的结果，大幅改善了人们的健康状况、改变了人们的健康观念。由此可见，互联网＋健康可以促进医疗 O2O 的发展，是线上线下结合的医疗 O2O 落地的最终目的。也就是说，我们使医疗 O2O 落地，就是为了落实"互联网＋健康"的行动计划。相信随着医疗 O2O 落地，"互联网＋"健康会更上一个台阶，届时，人们看病更加便捷、更加便宜，人们将会更加健康。

"互联网＋教育"：网络本质上只是一个加工工具

"互联网＋"概念很热，但是我们不能神化"互联网＋"，要理智认识"互联网＋"。"互联网＋教育"对教育的促进作用是显而易见的，但是这并不等于说互联网＋教育就可以完全取代传统教育，也并不能说明传统教育就一无是处。传统教育经过数千年的发展，积累下了很多精华，这是"互联网＋教育"在一朝一夕无法做到的，必须需要借鉴的。所以说，"互联网＋教育"并不是颠覆传统教育，而是与传统融合，互相取长补短，共同推动教育行业的升级。而且，在互联网很发达的美国，"互联网＋教育"仍然处在探索阶段，没有找到公认模式。所以，"互联网＋教育"的发展需要经历一个很漫长的探索过程。当然，"互联网＋"大势所趋，"互联网＋教育"是传统教育的唯一选择，但是我们必须认识到，教师才是教育的根本，互联网本质上只是一个加工工具和手段。

"互联网＋教育"：传统教育的痛

"互联网＋教育"的蓬勃发展，引发了我们对传统教育的再次深思。传统教育在教育资源、教育流程、教育模式、教育内容等方面都需要改造。这个改造的重任就落在了"互联网＋教育"的肩膀上。

传统教育越来越被人诟病。传统教育的痛多如牛毛，教育资源不均衡、教育模式死板、教育内容单一等。众所周知，参与传统教育活动的主要人群是教师、学生、家长，他们都深深体会到了传统教育的弊端。我们通过这 3 类人群来看看传统教育之痛。

1. 教师之痛

在传统教育模式下，教师在教学中长期忍受着 3 种教育之痛：第一，备课之痛；第二，改作业之痛；第三，出卷子之痛。

第一，备课之痛。俗话说，台上一分钟，台下十年功。我们往往只看到教师在台上神采飞扬的时刻，却看不到他们为讲课做的准备工作。备课是教师讲好课、组织好课堂学习的前提条件，几乎每一个教师都需要备课，尤其是年轻的教师，备课花费的精力更多。据在线教育梯子网的调查数据显示，每一位教师平均每日备课的时间大约为 2 小时，还有不少学校的教师白天的时间都用于授课、改作业，备课的工作只能晚上回家加班加点地干，有时候会加班到午夜12 点。一些对 PPT 不熟悉的老师，在网上找到了好课件，但是不会去水印和Logo，只能通过复制、粘贴重新排版，这又会花掉大量时间。所以，提起备课，教师往往会头痛不已。

第二，改作业之痛。教师还有一个重要的工作，就是改作业。语文、数学教师几乎每天都需要改作业，尤其是语文老师，还要改作文、写评语，花费的时间更多。据调查显示，语文教师都觉得改作业的工作很耗时间，改一篇作文加上写评语需要十几二十分钟，往往一个班级四五十个学生，一天什么都不干都改不完一个班级的作文。如果带两个班的语文课，改作文的工作更让人吃不消了。而事实上，大部分语文教师带两个班级的语文课，甚至三四个班。可见，改作业的工作，确实让教师痛苦不堪。

第三，出卷子之痛。现在电脑、打印机、复印机走进了更多学校，为教师找题库、出卷子带来了极大的便利。但是，很多民办学校、基层学校的教师还没有这些设备，还利用剪刀、胶水、复制、粘贴等最原始的办法出卷子，找资料、排版还需要耗费很多时间和精力。出卷子考试是监测学生学习效果的主要办法，但是这种出卷子的办法实在效率太低下，急需提高。

众所周知，教师资源很匮乏，如果教师把大部分时间花费在备课、改作业、出卷子这些杂活上，那么指导学生的时间就少了。可是让其他人代替教师备课、改作业、出卷子，可行吗？显然不行，这些工作是教师的工作内容，我们不能删除这些工作内容，只能想办法提高这些工作的效率。

2. 学生之痛

传统教育一直提倡因材施教，但是事实上，因材施教只是学校的口号，根本就无法实施。往往一个教师对应几十名学生，不可能一个一个地指导学生，而且学生的水平又良莠不齐。同时，传统教育实施的是工业化、流水线式的教学模式，教师对学生都讲一样的课、布置一样的作业、发一样的卷子。有些学生抱怨道，教师布置的作业，他们都会做，还得重复地写，考不进好学校就享受不到好的教师资源。

优秀的教师资源少、难以流动，是造成学生教育之痛的根源。难怪家长都不遗余力地想把孩子转到城市的名校读书，就是想让孩子享受到优质的教师资源，不输在起跑线上。"互联网 + 教育"让因材施教、教育资源均衡成为了可能。"互联网 + 教育"企业运用互联网、大数据等信息技术开发了智能测评系统，可以快速地找到学生的知识薄弱之处，从而强化训练，避免学生做重复劳动；学生还可以把自己做错的题上传到在线教育网站，进行系统诊断，从而准确了解到自己的知识薄弱点，并获得系统提供的个性化辅导计划。可见，"互联网 + 教育"可以实现因材施教。"互联网 + 教育"企业还推出名师视频课、名师大讲堂，促进优质教育资源流动，让更多的学生分享优质教育资源。

3. 家长的教育之痛

众所周知，教育孩子不是教师一个人的事。而事实上，很多家长在教育中缺席，总以自己工作忙、能力有限而理直气壮地缺席。

长期以来，家长成为了孩子教育的旁观者。孩子考试成绩不好，怪孩子不努力、教师教得不好，却从不找自己的责任。其实很多家长都想教育好孩子，但是他们对孩子提出的很多问题束手无策、对孩子在学校的学习情况也一无所知、对孩子上网学习很纠结。总之，不懂如何教育孩子成为了家长的心头之痛。在线教育企业通过信息技术解决了家长的这些痛——家长只要愿意了解孩子在学校的学习情况，可以随时利用手机客户端或者网页了解孩子在学校的学习情况、活动情况，及时了解孩子的知识薄弱之处，从而及时帮其补习。在线教育企业还推出绿色上网通道，供孩子在网上自学。

相信随着"互联网 + 教育"的不断推进，教师备课、改作业、出卷子，学生因材施教、分享优质资源，家长了解孩子学习情况等传统教育的痛，会得到有效的解决。

在线教育 PK 传统教育：孰优孰劣

在政府的倡导下，"互联网 +"着实火了一把。各行各业都积极推出"互联网 +"的新行业形态，来积极落实"互联网 +"战略。以淘宝为代表的"互联网 + 传统集市"、以滴滴快的为代表的"互联网 + 传统交通"，以京东为代表的"互联网 + 传统百货"，受到了广大用户的追捧，并获得了蓬勃发展。在国民心目中占有重要位置的教育，也不甘心缺席"互联网+"的盛宴，积极地与"互联网+"融合，推出了"互联网+教育"的新行业形态，即在线教育，图 8-2 所示为在线教育与传统教育相比所具有的四大优势。

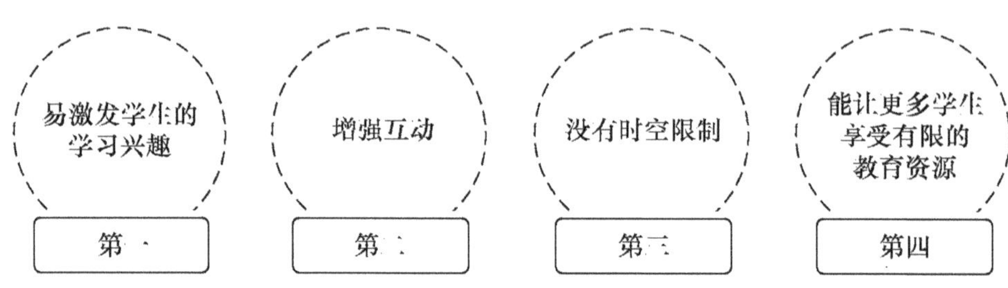

图 8-2　在线教育与传统教育相比有 4 大优势

面对在线教育的崛起，传统教育感到了巨大压力，担心自己被在线教育取代。其实，传统教育有点杞人忧天了。首都师范大学副校长孟繁华说："'互联网+教育'将改变教育，但是不会颠覆教育，更不会颠覆学校的现有体制。"但这并不是说传统教育就尽善尽美，不需要改变，不会受到"互联网+"的冲击。

传统教育的弊端数不胜数，改革势在必行。大家都接受过传统教育，提起传统教育我们脑海中就会闪烁出一所学校、一位老师、一间教室，这就是传统教育。而"互联网+教育"是什么样的呢？我们并不熟悉。"互联网+教育"就是一张网、一个移动终端、几百万学生，学校任你挑、老师由你选。可见，学生的权利变大了。众所周知，学生不爱学习，往往是不喜欢老师。如果学生可以自己选择老师，他们就会选择自己喜欢的老师。毋庸置疑，这可以提高他们的学习兴趣，有助于他们提高学习成绩。可见，"互联网+教育"更受学生喜欢。

受到"互联网+"潮流的影响，一些一线城市的学校已经开始探索互联网+教育模式。上海某校在微信公众号上推出"三百字团"的专栏，专门为了让学生在上面发表作品，任课老师、学生、家长都可以浏览，并可以把自己喜欢的好作品分享到自己的朋友圈。此微信栏目可以激发学生的写作兴趣。因为学生都喜欢读自己同学写的内容，看到同学的作品被很多人阅读，很羡慕，便自己也写稿子。这样的平台可以使学生之间互相影响，营造良好的学习氛围。

还有一些学生喜欢创新的老师，把互联网引进了"课堂"，采用"弹幕教学"。华中科技大学的一堂广告创意策划课就采用了"弹幕教学"。在"弹幕教学"的课堂上，学生用手机、平板电脑与老师互动，有什么问题、想法都可以随时反馈给老师，并实时显示到课件上，教师看到学生的反馈，就会随时调整授课的内容、方式。这种教学方式使学生的心思都在学习上，促使其主动思考学习内容，显然极大地激发了学生的学习兴趣。学生对这样的教学方式很认可，认为学生用手机发弹幕，注意力都集中在学习上了，还促进了课堂的互动。上海交通大学把"一屏多显"与"弹幕"相结合，创造了"互联网＋"的"云教室"。在"云教室"的教学模式中，只要有一张网、一个移动终端，学生就能实现"课程任意选，老师任性挑"的"私人定制"式教育。可见，它能实现因材施教、优质教育资源共享，是目前探索的最先进的"互联网＋教育"模式。在线教育能够提高教学的效率、有效配置教育资源，必然会受到越来越多的教师、学生的支持。

而在传统教育模式下，手机却被学校、老师列为课堂违禁品。对于课堂上使用手机的学生，老师有权利没收其手机。据甘肃某乡镇学校的老师介绍，他们学校严禁学生携带手机进校园。学校工作人员发现学生携带手机，就会当场没收，并请家长来接学生回家反省，不少家长接孩子的时候就会把孩子的手机当着老师的面摔在地上。

这些西北偏远地区的老师只是听说过微课、幕课以及翻转课堂，但并不会也没有条件尝试这些教育新模式。他们学校主要是用互联网进行搜索、下载课件。他们看到了"互联网＋教育"模式的优点，希望这种新的教育模式早日推行到基层学校，让学生们有机会接触到优质教育资源、通过互联网了解世界。

东部地区的基层学校互联网的应用也很少。据河北某学校的教师介绍，虽然他们学校有多媒体设备，但是很旧了，投影不清楚，便废弃不用了。学生不准携带手机、电脑，又都是寄宿生，学生没有条件通过互联网了解外面的世界，而大城市的孩子有更多的机会利用互联网了解外面的世界，便把基层学校的学生远远地甩在了后面。长此以往，"寒门出贵子"的机会会越来越渺茫。但是该校的老师认为，像慕课、翻转课堂这样的教学模式，很难在基层学校推广，比如教学设备、教师的观念、学生的接受能力等问题，都不是一朝一夕能解决的。可见，"互联网＋教育"要真正推广到基层，还有很漫长的路要走。

在线教育并不是药到病除的良药，不是万能的，对于真正需要优质资源的基层还使不上劲。所以，传统教育还是教育的主导者。但是，互联网＋教育大势所趋，是传统教育的发展方向。教育的升级转型，不是在线教育或传统教育单方能够完成的，需要双方不断融合，互相取长补短。

"互联网 +"战略落地很重要，也很难。随着"互联网 +"战略的提出，方兴未艾的 O2O 进入了新的发展阶段，再度火了起来，因为线上线下融合的 O2O 成为了企业落实"互联网 +"战略的突破口。O2O 就是我们经常说的"互联网 +"新玩法。可见，O2O 是一个工具、是一种方法。但是，很多传统企业在利用 O2O 推动"互联网 +"战略的过程中，感到茫然，不知道 O2O 究竟是"互联网 +"，还是"+互联网"？

无论是互联网企业，还是传统企业，落实"互联网 +"战略，转型 O2O 都不可能一蹴而就，都比较困难。传统企业转型 O2O 比互联网企业更加困难，几乎从零开始。值得庆幸的是，传统企业进行 O2O 转型，已经探索到了一个比较有效的办法——先"+互联网"，后"互联网 +"。苏宁云商称自己是一家 O2O 企业，的确如此，苏宁云商已经成为了一家典型的 O2O 企业。它在落实互联网 + 战略的过程中进行 O2O 转型，就是先"+互联网"、后"互联网 +"，通俗地讲，就是先走上去，再走下来。可见，传统企业 O2O 转型既需要"+互联网"，又需要"互联网 +"。接下来，我们将从4 个方面来与大家一起深入地探讨 O2O 究竟是"互联网 +"，还是"+互联网"。

第一方面，谁掌握话语权。回顾 O2O、互联网 + 的发展过程，我们发现，他们都是由互联网企业率先提出的。同时，传统话语权从传统媒体逐渐转向新媒体，而新媒体更加关注互联网企业的变革。显而易见，在话语权方面，互联网企业占了上风。于是，大家都把 O2O 解读为了"互联网 + 传统产业"而不是"传统产业 +互联网"。此外，互联网企业信息更加公开、透明，并大胆地宣传，更容易掌握话语权。

第二方面，谁是 O2O 舞台上的主角。由于 O2O 最早是由互联网企业提出的，初期（2012—2013 年）也主要是互联网企业在尝试实践。2014 年以来，传统企业就已经登上了 O2O 的舞台。2015 年，传统企业在 O2O 舞台上更加活跃，业界人士根据线上线下快速融合的情况预测，再经历 5 年发展，线上线下企业就不会有明显区别了，但是在未来的 O2O 新商业里，拥有传统背景的企业数量会超过拥有互联网背景的企业。由此可见，传统企业是 O2O 舞台上的主角。

第三方面，对互联网作用的认知。由于传统企业是 O2O 舞台上的主角，所以，传统企业往往认为互联网的作用有限，把互联网仅仅视为一种"先进工具"，认为和他们过去使用的 ERP、CRM 类似。正是由于传统企业对互联网作用的认知有限，使得他们虽然使用上了互联网的先进工具，但是转型并没有起色，仍然管理等级森严、要求员工按部就班。

第四方面，对未来消费方式的判断。越来越多的消费者更加信任线上，尤其是新一代的消费者，甚至依赖线上做决策。基于此，传统企业花费数十年、上百年建立起来的品牌，很难得到新一代消费者的认可。毋庸置疑，这会让企业失去未来。传统企业要生存，就要走"互联网 +"的道路，同时不能荒废自己线下的资源，因为线下资源是 O2O 的重要组成部分。传统企业向 O2O 转型不要盯着 BAT，而应关注新生的互联网品牌。因为，打败全聚德的不会是 BAT 等互联网大佬，可能是"叫只鸭子"这样重视用户体验的互联网品牌。

总之，互联网 + 模式中，互联网企业对 O2O 更有话语权，传统企业继续是 O2O 舞台的主角，最有革命心态的互联网企业、创业者会创建出最成功的 O2O 企业；拥有改良心态的传统企业在转型的过程中即使消亡一半，仍然会成为未来 O2O 商业的主角。可见，互联网企业、传统企业在 O2O 转型中难分高低。

所以，传统企业不必纠结 O2O 是"互联网 +"还是"+ 互联网"，只要想方设法地促进线上线下的融合沟通就足够了。

www.ingramcontent.com/pod-product-compliance
Lightning Source LLC
LaVergne TN
LVHW051118180726
843512LV00012B/870